2025
年度版

JN087459

地方上級
試験
早わかりブック

資格試験研究会◎編
実務教育出版

地方公務員 ここがイイ!

魅力が
いっぱいだあ

地方公務員の志望者と現役の職員に，地方公務員の何が魅力なのか聞いてみました！　人気の秘密をご紹介！

魅力その① 仕事にやりがいがある!

- 仕事の幅が広い！
- 社会のために働ける
- 地元に貢献できる
- 福祉や環境などの分野で働ける
- 住民と向き合う仕事ができる

現役職員の方々は「この地域をよくしていきたい！」「住民のお役に立ちたい！」という使命感を持って地方公務員になり，実際に仕事をするうえでも「地元を盛り上げたり，住民の生活を支える仕事に携われる」ことにやりがいを感じているようです。これは何物にも代えがたい地方公務員だけの魅力でしょう。

魅力その② 安定している!

- 勤務地がほぼ自治体のエリア内
- リストラがない
- 倒産しない
- 退職金が高額
- 景気の影響が小さい
- いろんな「手当」がもらえる
- 社会的信用度が高い
- 給料がイイ
- 「ノルマ」がない

なんといっても安定していることも魅力です。とにかく勤め先が突然なくなってしまうこともありませんし，いきなりボーナスが0になるということもありません。給料は比較的高水準ですし，不況で雇用が不安定ということもあって，近年は公務員人気が高まっています。

充実の福利厚生!

- 有給休暇が取りやすい
- 保養施設も充実
- 完全週休2日制
- 育児・介護休業を確実に取れる
- 職員宿舎に安く住める
- 残業がそれほど多くない
- ワークライフバランスを実現できる

完全週休2日制で，年間20日間の有給休暇や各種特別休暇制度が充実していて，なおかつ休暇も取得しやすいというのも魅力ですね。さらに，格安の職員宿舎に住めたり，各種保養施設が使えるなど，イチ企業では到底太刀打ちできないほどの充実ぶりです。

魅力その④

実力本位!

採用試験は，基本的には年齢制限のみでだれでも受けられます。採用後の配属・昇進についても差別はなく，自分の希望と実力次第で活躍のフィールドを広げていけます。また，研修制度などキャリアアップのための制度もいろいろそろっています。

- 自分の専門分野を生かした仕事ができる
- 研修制度が充実
- 男女差別がない
- 昇進も努力次第!
- 「コネ」に左右されない
- 学歴が問われない

もっとある!
地方公務員の魅力

- 地元で就職できる
- 親が安心する
- 結婚しても仕事を続けられる
- まちのエリートとして尊敬される
- モテる!
- 通勤がラク
- まったりと仕事ができる

それでは，どうすれば地方公務員になれるのか？
さっそく本書で確認していきましょう!

GO!

3

本書の特長と使い方

PART I 都道府県職員になるには？ 早わかりガイド

試験のアウトラインがわかる！

「試験や職種の種類」「受験資格」「試験のスケジュール」「併願のしかた」「試験の形式」「合格に必要な得点」などをＱ＆Ａ形式で説明します。

PART II どんなところが出る？ 教養・専門試験の攻略法

筆記試験の対策がわかる！

地方上級試験で出題される科目それぞれについて，出題の形式，出題される範囲，学習のポイントを解説するほか，過去10年間の出題テーマを一覧表で示します。

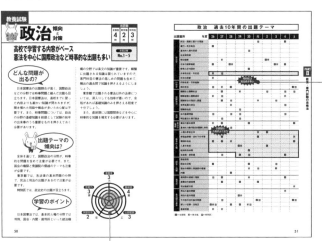

注目の出題テーマをピックアップ

科目ごとの特徴を図式化

PART III どんなところが出る? 過去問の徹底研究

どんな問題が出るのかわかる!

過去問の中から「今までよく出題され,今後も出題可能性が高い問題」をセレクトし,その問題の特徴や解き方のコツなどを,1問ずつに付けています。

**目標とすべき
解答時間**

**合格者なら
どのぐらい
正答できるか**

PART IV これで受かる? 実力判定&学習法アドバイス

今の実力と
やるべきことがわかる!

過去問の採点で,実力を測ることができます。総合得点の判定をするだけでなく,細かく得意・不得意を明らかにして,必要な学習の指針を示します。

本書の使い方

本書はどこから読んでもかまいませんが,次のような使い方があります。

① 「PART I→PART II→PART III→PART IV」の順番に,ひととおり必要な知識を確認したうえで過去問に挑むのがオーソドックスな使い方です。

② 「PART I→PART III→PART IV→PART II」の順番で,まずは過去問で自分の弱点を把握し,それを克服することを意識しながらPART IIを読み進めるという使い方も可能です。

地方上級試験 早わかりブック CONTENTS

これで
バッチリ!

地方公務員ここがイイ! ……………………………… 2

本書の特長と使い方 ……………………………………… 4

PART I 地方公務員になるには? 早わかりガイド ▶ 9

地方公務員ってどんな仕事をしているの? ……………… 10

地方公務員になるための近道ってある? ………………… 12

採用試験ってだれでも受けられるの? …………………… 14

年齢条件さえ満たしていれば受験できるの? …………… 16

地方公務員の採用試験って何種類もあるの? …………… 18

「試験区分」とか「職種」って何のこと? ……………… 20

採用試験はいつ行われるの? どういう日程なの? …… 22

ほかの自治体やほかの試験を受けてもいいの? ………… 24

申込み手続きで注意すべき点は? ………………………… 26

試験の中身はどういうものなの? ………………………… 28

だいたい何点取れれば合格できるの? …………………… 32

みんなどうやって勉強してるの? ………………………… 34

勉強のコツは? みんなどのくらい勉強してるの? …… 36

もっと知りたい! 地方上級試験のこと …………………… 38

PART II
どんなところが出る?
教養・専門試験の攻略法 ▶ 43

教養試験・専門試験ってどんな科目が出るの? ················· 44

「全国型」とか「関東型」とかって何のこと? ················· 46

教養試験ではどこが大事なの? ································· 48

政治 ····················50
経済 ····················52
社会 ····················54
日本史 ··················56
世界史 ··················58
地理 ····················60
思想 ····················62
文学・芸術 ···············63
数学 ····················64

物理 ····················66
化学 ····················68
生物 ····················70
地学 ····················72
文章理解 ················74
資料解釈 ················75
判断推理 ················76
数的推理 ················78

専門試験ではどこが大事なの? ································· 80

政治学 ··················82
行政学 ··················84
憲法 ····················86
行政法 ··················88
民法 ····················90
刑法 ····················92

労働法 ··················94
経済原論 ················96
財政学 ··················98
経営学 ·················100
社会政策 ···············101
国際関係 ···············102

PART III
キミは解けるか?
過去問の徹底研究 ▶ 105

教養・専門試験って実際にどんな問題が出るの? ··············· 106

教養試験 No.1〜50 ········108〜157   専門試験 No.1〜40 ········158〜197

PART IV
これで受かる?
実力判定&学習法アドバイス ▶ 199

試験の概要が
つかめる！

PART I

地方公務員になるには？
早わかり
ガイド

はじめに，複雑で種類の多い試験制度の説明をします。
「受けるべき試験はどれか」「受験資格で引っかからないか」
「併願はできるのか」「どんな内容の試験が行われるのか」を
知ることは試験対策の第一歩ですし，それらを知ることによって，
学習の無駄を省くことにもつながります。

地方公務員ってどんな仕事をしているの？

防災，環境保全，産業振興，道路や橋の整備，福祉，水道，警察，教育，税金関係，……

住みよいまちにするために，いろいろな仕事をしています！

□ 窓口業務だけじゃない！

「地方公務員の仕事」というと，役所の窓口で書類を発行したり……というのを思い浮かべると思いますが，それは役所の仕事のごくごく一部にすぎません。

まずは右ページにある県庁の組織と仕事の図を見てみてください。地元の農業・商工業を発展させる方策を考えたり，防災や環境保全に気を配ったり，ごみ問題を解決したり，道路や河川・上下水道を整備したり，税金を徴収したり……。地域住民のための行政サービス全般を行うのが都道府県や市役所，区役所の仕事なので，その役割は多種多様な範囲にわたっているのです。

□ 職員は「事務系」が多い

地方自治体に勤めている職員は事務系の人たちが多いです。事務系の仕事内容はどの自治体でもおおむね共通して「行政全般の企画立案，調査，連絡調整，相談業務」などとされています。

職種については20ページを見てね

地方公務員には事務系職員のほかにも，土木や電気などの技術系職員や，栄養士などの資格・免許系職員，学校校務員などの技

能系・現業系職員がいます。まさに「仕事のデパート」のようなものなのです。

□ 仕事も職場も固定されていない！

　地方自治体では，各職員の仕事も職場も固定されておらず，**何年かおきに部署を横断して人事異動が行われています**。ですから，たとえば最初は商工労働部で観光客の誘致に励み，次は生活環境部に移って産業廃棄物対策をし，その次は支所の窓口で住民対応……というふうに，いろいろな職場でいろいろな仕事を経験することになります。

配属先や異動については，自分の希望を言えるところが多いよ（認められるかどうかは別の話だけど）。

県庁の組織と仕事

消防の仕事については，『消防官試験早わかりブック』を見てね！

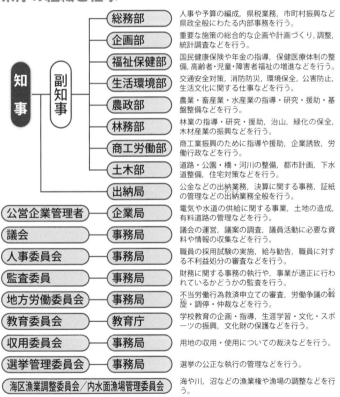

知事 — 副知事

総務部：人事や予算の編成，県税業務，市町村振興など県政全般にわたる内部事務を行う。

企画部：重要な施策の総合的な企画や計画づくり，調整，統計調査などを行う。

福祉保健部：国民健康保険や年金の指導，保健医療体制の整備，高齢者・児童・障害者福祉の増進などを行う。

生活環境部：交通安全対策，消防防災，環境保全，公害防止，生活文化に関する仕事などを行う。

農政部：農業・畜産業・水産業の指導・研究・援助・基盤整備などを行う。

林務部：林業の指導・研究・援助，治山，緑化の保全，木材産業の振興などを行う。

商工労働部：商工業振興のために指導と援助，企業誘致，労働行政などを行う。

土木部：道路・公園・橋・河川の整備，都市計画，下水道整備，住宅対策などを行う。

出納局：公金などの出納業務，決算に関する事務，証紙の管理などの出納業務全般を行う。

公営企業管理者 — 企業局：電気や水道の供給に関する事業，土地の造成，有料道路の管理などを行う。

議会 — 事務局：議会の運営，議案の調査，議員活動に必要な資料や情報の収集などを行う。

人事委員会 — 事務局：職員の採用試験の実施，給与勧告，職員に対する不利益処分の審査などを行う。

監査委員 — 事務局：財務に関する事務の執行や，事業が適正に行われているかどうかの監査を行う。

地方労働委員会 — 事務局：不当労働行為救済申立ての審査，労働争議の斡旋・調停・仲裁などを行う。

教育委員会 — 教育庁：学校教育の企画・指導，生涯学習・文化・スポーツの振興，文化財の保護などを行う。

収用委員会 — 事務局：用地の収用・使用についての裁決などを行う。

選挙管理委員会 — 事務局：選挙の公正な執行の管理などを行う。

海区漁業調整委員会／内水面漁場管理委員会：海や川，沼などの漁業権や漁場の調整などを行う。

公安委員会 — 警察本部：犯罪の抑止や犯罪の調査，少年非行の防止，交通事故の抑止などを行う。

11

地方公務員になるための近道ってある？

各自治体が行う採用試験に合格すればOK！正規職員になる道はコレしかありません！

抜け道はないよ

□「採用試験」に合格しなければダメ

民間企業のように，履歴書と簡単な面接だけで採用が決まってしまうということはありません。「コネ」や「口利き」による不正な採用を防止するためにも，地方自治体の正規職員の採用に関しては，公平公正な「採用試験」によって行われることになっています。

一昔前ならいざ知らず，今の公務員試験においては，だれかに相談すると便宜を図ってもらえたり，有利な扱いにしてもらえたり……ということはありません。知事や市長の息子であっても地元有力者の娘であっても，この「採用試験」に合格しないと，正規の職員にはなれないのです。

アルバイトなど正規職員以外の採用は，試験がないものもあるよ

□「採用試験」は甘くない！

採用試験の大きな関門には筆記試験と面接試験がありますが，筆記試験については，民間企業に就職するときとは全然違う独特のものになっているので注意が必要です。

また，地方公務員になりたい人はたくさんいますから，当然ながら採用試験の競争率も高くなっています。なんとなく受けたらなんとなく受かっちゃった……という生やさしいものではありません。**筆記試験用の対策を練っておかないと合格はできない**といってもいいくらいです。

まずは本書を読んで，採用試験に合格するためには何が必要かということを知ってください！　きちんと対策をすれば，きっと合格できます！

試験の内容については28ページを見てね！

□「採用試験」が実施されないことも!?

すべての自治体で毎年採用試験が行われているかというと，そうではありません。**財政状態の悪い自治体が職員の採用を休止する**こともありますし，事務系職種の採用を休止して看護師などの専門的な職種だけを募集したり，事務系職種の採用数を大幅に減らしたり……ということもあります。

また，採用試験は各職種年1回というのが基本ですが，臨時募集を行っている自治体もあります。

ご自分が志望している自治体がどういう状況なのか，事前に確かめておいてくださいね。

ウェブサイトや広報紙を要チェック！

「地方上級」などの説明は18ページを見てね

採用試験って だれでも 受けられるの?

一番重要
なのは
「年齢」です

受験資格さえ 満たしていれば, だれでも受けられます!

□「年齢」が一番のポイント

　地方公務員の採用試験は, 受験資格さえあればだれでも受験できるようになっています。

　この「受験資格」のうちで最も重要なのが「年齢」です。

年齢以外の受験資格に
ついては16ページを
見てね!

　地方自治体の職員採用試験では, すべての自治体で受験できる年齢に制限を設けていますが, 基本的に公務員試験には年齢以外の条件はないといってもいいほどです。受験資格を満たしていれば, 採用試験の過程において, **年齢・学歴・男女など**で**差別されることはありません**ので, 応募者全員が同じ土俵の上で競うことになります。

　なお, 少数ですが学歴などについて問われるところもあります。詳しいことは16ページで説明しますが, 十分注意してください。

□30歳くらいまで 受けられるところが多い

　試験や職種によっても違ってくるのですが, **受験できる年齢は各自治体ごとにバラ**バラです。

地方上級試験（事務系）の場合，令和5年度試験における受験可能年齢の上限を集計してみると（下の図を参照してください），おおむね30歳くらいまで受験可能という自治体が多くなっていることがわかります。

□年齢制限は緩和される方向に！

地方上級試験（事務系）の上限年齢は，試験翌年の4月1日時点で29歳という自治体が最も多くなっています。ただし，最近は年齢上限を引き上げる自治体が多く，**30歳以上でも受けられる採用試験**が増えてきています。

約4割の
自治体で30歳以上でも
受けられます

経験者採用試験については19ページも見てね

また，新卒者対象の試験と併せて，社会人経験のある人向けの**経験者採用試験（社会人採用試験）**などを実施している自治体もあります。その場合，新卒者対象の試験が受けられない年齢でも経験者採用試験などを受けられるようになっているのです。幅広い年齢層に受験の門戸が開かれているということです（民間企業等での経験年数などが問われる場合もあります）。転職先として地方公務員を考えている方はそちらを検討してみてもいいかもしれません。

地方上級試験（事務系）上限年齢の分布

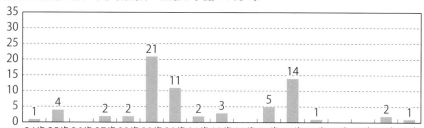

24歳 1　25歳 4　26歳 2　27歳 2　28歳 21　29歳 11　30歳 2　31歳 3　32歳 5　33歳 14　34歳 1　35歳 2　36歳 1

（グラフ：24歳 1，25歳 4，26歳 2，27歳 2，29歳 21，30歳 11，31歳 2，32歳 3，34歳 5，35歳 14，36歳 1，38歳 2，59歳 1）

59歳	千葉市
⋮	
39歳	山形県，岐阜県
36歳	徳島県
35歳	岩手県，宮城県，福島県，千葉県，山梨県，長野県，静岡県，富山県，和歌山県，鳥取県，沖縄県，熊本県，仙台市，相模原市
34歳	秋田県，福井県，滋賀県，大阪府，奈良県，愛媛県
28歳	新潟市，浜松市
27歳	兵庫県，愛媛県
25歳	大阪府，大阪市，堺市
24歳	神戸市

（令和5年度試験）

年齢条件さえ
満たしていれば
受験できるの?

学歴や資格が
問われることも
ありますし,日本国籍の
有無については
対応が分かれています

□ 学 歴 に よ る 制 限

　試験のレベルは「大学卒業程度・短大卒業程度・高校卒業程度」などに分けられてはいますが,「大学を卒業または卒業見込みの者」というように学歴に関して条件を設けている自治体は少なくなっています。ですので,学歴要件のない自治体では,たとえば中卒の方が大学卒業程度の試験を受験してもかまわないということになります。

　地方上級試験(事務系)で学歴に関して条件を設けているのは,札幌市,浜松市,神戸市です。

試験のレベルについては18ページを見てね

□ 資格・免許による制限と身体基準

　職種によっては，その業務に必要な資格や免許の取得（取得見込の場合を含む）を受験の要件にしている場合がありますが，**事務系については，基本的に事前に資格・免許を取得している必要はありません。**

　また，警察官や消防官の採用試験では「身長○cm以上の者」などの採用基準を設けていますが，事務系には身体基準はありません。

□ 住所による制限

　基本的には自分が住んでいる自治体や隣接自治体だけでなく，**どの地域の自治体の職員採用試験でも受験できます。**もちろんお隣の都道府県や市役所を受けてもだいじょうぶです。

　住所に関して条件を設けているのは主に消防官です。

□ 国籍要件

　「公権力の行使に当たる業務」に従事するためには**日本国籍が必要**とされます。そのため，受験資格において日本国籍を有するかどうかが問われる場合があります。これを「国籍要件」といいますが，自治体によって，

　＊日本国籍を有しない人の受験を認めない

　＊職種によっては，日本国籍を有しない人の受験を認める

　＊同じ職種でも日本国籍を有する人と有しない人で別々の試験区分とする

　　（日本国籍を有しない人は「公権力の行使に当たる業務」などを除いた業務に従事する）

　＊日本国籍を有しない人であっても，永住者や特別永住者に限って受験を認める

　＊国籍要件を完全に撤廃

のように対応が分かれています。

法律で受験できない人

あまり該当する人はいないと思いますが，地方公務員法第16条の「欠格条項」に該当する人も受験できませんので念のため。

□ 禁錮以上の刑に処せられ，その執行を終わるまで又はその執行を受けることがなくなるまでの者

□ 当該地方公共団体において懲戒免職の処分を受け，当該処分の日から二年を経過しない者

□ 人事委員会又は公平委員会の委員の職にあって，同法第五章に規定する罪を犯し刑に処せられた者

□ 日本国憲法施行の日以後において，日本国憲法又はその下に成立した政府を暴力で破壊することを主張する政党その他の団体を結成し，又はこれに加入した者

地方公務員の採用試験って何種類もあるの?

1つの自治体の中でもさまざまな採用試験があります

「上級」って何?

□ 試験のレベル別に分かれている

　地方公務員試験は基本的に各自治体ごとに個別に実施されていて，仕事の内容と試験のレベルによって「上級・中級・初級」などと分けられています。

　なお，「上級・中級・初級」と3つに分けずに「上級・初級」などと2つに分けているところも多く，なかには明確に区分せずに1つの試験で採用をしている自治体もあったり，上級の試験は行うけれどそれ以外の試験は行わないという自治体もあるので注意が必要です。

□ あくまでも「試験問題のレベル」の話

　試験の名称は自治体によって異なっていて，「上級・中級・初級」「Ⅰ類・Ⅱ類・Ⅲ類」「大卒程度・短大卒程度・高卒程度」などいろいろあります。名称とレベルの関係は，およそ次のようになっています。

　なお，「大学卒業程度」の試験というのは，あくまでも試験問題のレベルが大学卒業程度ということであって，大学を卒業していないと受験できないということではありません。

上級・I類	大学卒業程度の試験。幹部候補となる職員の採用が中心。
中級・II類	短期大学卒業程度の試験。短大卒程度の資格や免許を有する職員の採用が中心。
初級・III類	高等学校卒業程度の試験。一般事務に従事する職員の採用が中心。

□「地方上級試験」とは？

　公務員試験の業界では「都道府県・政令指定都市・東京23区」の「大学卒業程度」の採用試験を総称して「**地方上級試験**」といっています。それに対して，政令指定都市以外の市役所の「大学卒業程度」の採用試験を「**市役所上級試験**」といっています。

　地方上級試験は，地元で働く地方公務員になるための採用試験として人気があります。また，**各自治体は試験日程や試験の内容も共通する部分が多いので**，対策を立てやすい試験です。さらに，毎年ある程度の採用数があるので，比較的安心して学習に取り組めます（市役所上級試験と比べると，突然採用が中止されたり，採用数が極端に減らされることは少ないのです）。

試験日程については22ページを見てね

Memo

総 合 職 と 一 般 職

　国家公務員の採用試験では，平成24年度に試験制度が大きく変わりました。
　その変更によって，23年度までの「国家I種」「国家II種」「国家III種」が，「国家総合職」「国家一般職［大卒程度試験］」「国家一般職［高卒者試験］」へと変わりました。
　このような「総合職」「一般職」という名称は，地方公務員試験にはまだあまり広がっていませんが，今後，地方にも広がるかもしれません。

Memo

経 験 者 採 用 試 験

　最近は民間企業等での職務経験を持つ人を対象とした「経験者採用試験（社会人採用試験）」を実施する自治体も増えています。
　試験のレベルはおおむね大学卒業程度で，地方上級試験に準じた内容ですが，職務経験を書く論文試験が課されるなど独特の試験となっています。
　経験者採用試験については、姉妹編の『社会人が受けられる公務員試験早わかりブック』をご覧ください。

「試験区分」とか「職種」って何のこと?

仕事の内容に応じた, 職員採用試験の募集の枠組みのことです

□ 職種と試験区分

　　職種とは, 採用後に従事する仕事のおおまかな種別のことです。職種は大きく「事務系職種」「技術系職種」「資格・免許系職種」「技能系・現業系職種」「公安系職種」に分けられます。

　　この職種に応じて採用試験の内容も違ってくるわけなのですが, 職種を試験の枠組みに従って分類したものが「試験区分」と呼ばれるものです。

職種と試験区分の名称

職種	試験区分の名称
事務系職種	行政, 事務, 行政事務, 一般行政, 学校事務, 警察事務など
技術系職種	土木, 建築, 電気, 機械, 農業, 水産, 化学, 造園など
資格・免許系職種	看護師, 薬剤師, 臨床検査技師, 栄養士, 保育士など
公安系職種	警察官, 消防官, 消防士, 消防職, 消防吏員など
技能系・現業系職種	学校校務員, 運転手, 清掃作業員など

□ 事務系がメイン

本書では，一般的な公務員のイメージに近い事務系を対象として話を進めていきます。

事務系は，特定の部署に限定されずにさまざまな分野でデスクワークなどに従事することになるため，採用試験においても一番募集人数が多くなっています。

技術系や資格・免許職については，事務系に比べて募集人数が少なく，試験もその専門分野に準じた専門的な内容になっているので，基本的には本書の対象外としています。技能系・現業系については，最近は民間委託を推進するなどして合理化され定期採用が減る傾向にあるので，本書では扱いません。

ただし，技術系，資格・免許職の採用試験では，事務系と同じ試験日程で同じ問題が使われることも多いので，教養試験の対策は本書でも可能です。

警察官は？

警察官は基本的に都道府県の採用になっています。「国家権力の…」なんていわれることもあるので国家公務員と思っている方がいるかもしれませんが，警察官は「地方公務員」です。なお，警察官でも「警視正」以上に昇任した場合は「国家公務員」になるのですが，かなり限定的な話です。

警察官の採用については，姉妹編の『警察官試験早わかりブック』をご覧ください。

消防官は？

消防官は，各消防本部が採用する職員です。消防本部は，市町村が単独で設置するほか，複数の市町村が「消防組合」として設置する場合もあります。東京都だけは，都内の大半の市区町村を管轄とする東京消防庁を設置しています。政令指定都市では，消防官も事務系と同じ試験日程で同じ問題が使われることが多くなっています。

消防官の採用については，姉妹編の『消防官試験早わかりブック』をご覧ください。

採用試験は
いつ行われるの？
どういう日程なの？

基本的に
各自治体ごとに年1回。
道府県・政令指定都市は
共通の一次試験日です

> 年に1回の
> 試験です

ロ 試験の日程は共通！

　地方上級試験（事務系）は原則として各自治体で年1回実施されます。試験の日程は，道府県・政令指定都市は6月中旬に一次試験，北海道（事務系），東京都，大阪府，東京23区は4月，5月に一次試験を実施しています（令和5年度）。

ロ 採用試験のスケジュール

道府県・政令指定都市のスケジュールの例

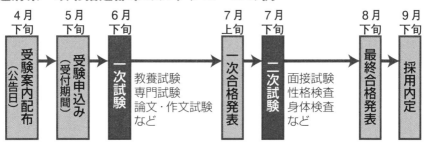

4月 下旬	5月 下旬	6月 下旬		7月 上旬	7月 下旬		8月 下旬	9月 下旬
受験案内配布 （公告日）	受験申込み （受付期間）	一次試験	教養試験 専門試験 論文・作文試験 など	一次合格発表	二次試験	面接試験 性格検査 身体検査 など	最終合格発表	採用内定

一般的には左ページの図のように進んでいきます。

まずは，**受験案内（募集要項）**を入手し，その指示に従って申込みをします。各自治体の人事委員会に請求して受験案内を郵送してもらう方法もありますが，最近はウェブサイトからダウンロードできる自治体がほとんどですし，申込み自体もウェブサイト上で行える自治体が増えています。受験の申込をすると，一次試験の前に受験票が送られてきます。

一次試験は日曜日か祝日に行われており，普通は1日で終わります。午前中に教養試験を行い，午後に専門試験や論文試験などを行うのが一般的です。

一次試験の合格発表は，一次試験から2〜3週間後に行われます。掲示板および自治体のウェブサイトに合格者の受験番号が掲示されますが，合格者には郵便で合格通知が届き，その中に二次試験の案内が入っています。

一次合格発表から1週間ないし半月くらいの期間内に**二次試験**が行われます。二次試験は平日に行われることが多く，1日では終わらずに複数日に及ぶ場合もあります。結果は，掲示板および自治体のウェブサイトに合格者の受験番号が掲示されるほか，二次試験の受験者全員に郵便で結果が通知されます。

試験内容については
28ページを見てね
受験申込については
26ページを見てね

なお，**三次試験**を行う自治体もあります。

Memo

試 験 会 場 は ど こ ？

一次試験は，その自治体のエリア内にある大学や高校で実施されることが多くなっています。地方の自治体では，Uターンの志望者を意識して東京や大阪にも試験会場を設けることがあります。

二次試験以降は，受験する人数が少なくなることから，各自治体の庁舎で行われる場合がほとんどです。東京会場などは設けられません。

ほかの自治体やほかの試験を受けてもいいの？

試験日さえ重ならなければ，自由に受けられます！

併願は
当たり前

公務員試験では併願するのが一般的

受験資格と日程が許せば，ほかの公務員試験との併願をすることはもちろん可能です。逆に併願せずに志望先を１つに絞って受けている人のほうが少数派です。

先輩たちの例を見ると，地方上級試験の受験者は，別の日に行われる国家公務員試験，市役所上級試験などと併願している人が多いようです。ただし，東京都と特別区，あるいは道府県どうし，政令指定都市どうしは一次試験日が同じであるため，同時には受けられません。地方上級試験どうしの併願で可能なのは，「東京都と道府県」または「大阪府と他の都道府県・政令指令都市」「東京23区と道府県・政令指定都市」などに限られるので注意が必要です。25ページには，主要な公務員試験の一次試験日をまとめましたので，参考にしてください。

民間企業との併願は？

もちろん民間企業との併願も可能です。しかし，大学４年生の就職活動では，公務員試験が始まる頃には民間企業の採用活動は終わってしまっているところが多いので，「公務員がダメだったら民間企業を受けよう」というのは難しいかもしれません。

主な試験の一次試験日（令和5年度）

3月19日	衆議院法制局総合職
4月1日	衆議院事務局総合職
4月9日	**国家総合職**
4月15日	参議院法制局総合職
4月16日	参議院事務局総合職
4月29日	警視庁警察官(第1回)Ⅰ類／国会図書館総合職／国会図書館一般職[大卒]
4月30日	**東京都Ⅰ類B／特別区Ⅰ類／**警視庁警察行政職員Ⅰ類／東京消防庁職員Ⅰ類
5月13日	裁判所総合職／裁判所一般職[大卒]
5月14日	**警察官(大卒程度5月型)**／警察官(高卒程度5月型)／東京都Ⅰ類A／北海道A区分事務系(第1回)／大阪府[大卒]／海上保安学校(特別)／東京消防庁消防官Ⅰ類(回目)
5月20日	衆議院事務局一般職[大卒]
6月4日	皇宮護衛官[大卒]／法務省専門職員／財務専門官／国税専門官／食品衛生監視員／労働基準監督官／航空管制官／海上保安官／防衛省専門職員
6月10・11日	外務省専門職員
6月11日	**国家一般職[大卒]**
6月18日	**地方上級**(府県・政令指定都市)／**市役所上級**(A日程)
7月2日	国立大学法人等職員
7月9日	**市役所上級**(B日程)／**警察官 (大卒程度7月型)**
8月19日	参議院事務局一般職[高卒]／参議院事務局衛視
9月2日	衆議院事務局一般職[高卒]／衆議院事務局衛視
9月3日	**国家一般職[高卒]**／国家一般職[社会人]／税務職員／東京消防庁消防官Ⅲ類
9月10日	裁判所一般職[高卒]／東京都Ⅲ類／特別区Ⅲ類／警視庁警察行政職員Ⅲ類／東京消防庁職員Ⅲ類
9月16日	警視庁警察官(第2回)Ⅲ類
9月17日	**市役所上級**(C日程)／**市役所初級**／刑務官※／警察官(大卒程度9月型)／**警察官(高卒程度9月型)**
9月24日	**地方初級**(道府県・政令指定都市)／地方中級(9月タイプ)／皇宮護衛官[高卒]／入国警備官※／航空保安大学校／海上保安学校／東京消防庁Ⅰ類(2回目)
10月1日	国家総合職(教養)
10月15日	警察官(高卒程度10月型)
10月28・29日	海上保安大学校／気象大学校
1月7日	警視庁警察官(第3回)Ⅰ類／警視庁警察官(第3回)Ⅲ類

太字は特に受験者の多い採用試験、**青字**は高校卒業程度の採用試験、※はほかに社会人採用区分がある試験を示しています（地方自治体の早期試験や秋試験、就職氷河期世代試験など募集や日程が毎年変則的な試験、募集が技術系・資格免許職のみの試験は除外しています）。
地方上級試験において，行政系と技術系で日程が異なる場合は，行政系の一次試験日としています。また、都道府県等の名称を掲載したのは独自日程のところのみで、掲載がないところについては基本的に各統一試験日に実施されています。

Memo

併願していることは隠したほうがいい？

　面接試験などの際に，どこを併願しているかを聞かれることがありますが，併願先は正直に答えてしまっても問題ありません。面接官も併願していることは百も承知ですから，逆に「ココしか受けていません！」と言うとうそをついていると思われてしまいかねません。ただし、「こちらが第一志望です！」という一言を必ずつけ加えてくださいね。

申込み手続きで注意すべき点は？

期限を守ること！志望動機を書くこともある

早めに終わらせよう

□ 受験申込のスケジュール

まずは受験案内（募集要項）を入手しましょう。その中に申込用紙が挟み込まれているので，それを使って受験の申込みをします。また，自治体のウェブサイトから申込用紙をダウンロードして，それをプリントアウトするという方法もありますし，最近はウェブサイト上で申込みを行える自治体がほとんどです。

受験案内は郵便で請求することもできるよ

受験の申込みは締切日までに済ませておく必要があります。地方上級試験のスケジュールは次のようになっています。

	道府県・政令指定都市	東京都・大阪府・特別区・大阪市
受験案内配布開始	4月下旬以降	3月中旬以降
申込締切日	5月中旬～6月上旬	4月中旬
一次試験日	6月の第4日曜日	5月上旬～中旬の日曜日

※北海道（事務系）（第1回）は4月上旬締切・5月中旬に一次試験

□ 申込用紙の記入や準備

受験案内に記入のしかたが書かれているので，それを見て漏れなく必要事項を記入します。インターネットでダウンロードする場合には，申込用紙だけでなく受験案内もダウンロードして，プリントアウトしたものを確認したほうがミスが防げます。

申込みの時点では顔写真が不要であっても，一次試験の当日は受験票に顔写真を貼っていなければ受験できません。試験直前になると学習の追い込みなどで慌ただしくなります。**申込みの段階で顔写真を用意しておくべきです。**

　また，なかには申込用紙に「志望動機」を書かせたり，エントリーシートの提出を求める自治体もあるので，事前に考えておきたいものです。

□申込用紙の提出

　申込用紙は**郵送で**提出するほかに，受験する自治体の人事委員会に直接持参する方法もありますが，最近では持参での申込みを受け付けないところも増えています。

　申込用紙を郵送する場合は，必ず簡易書留郵便や特定記録郵便にします。郵便局の営業時間に間に合わなければなりません。封筒の表に受験を希望する試験名を赤字で書くことも忘れないように。

□インターネットでの申込み

　最近は行政の経費削減のためにインターネット申込みを推奨する自治体が年々増えていき，今ではほとんどの自治体の申込みが原則として**インターネットのみ**となっています。

　ただ，ネットでの申込みでは，パソコンやネットワーク上のトラブルがあったり，早く締め切られてしまう場合も多いので，早めの対応が肝心です。

受験案内の見本

試験の中身は どういうものなの?

教養試験・専門試験・ 論文試験・適性検査・ 面接試験などが 課されます。

□ 試験種目はいろいろある!

　地方上級試験 (事務系) では,「教養試験」「専門試験」「論文試験 (作文試験)」「適性検査」「面接試験」といったいろいろな試験が行われます。

　このうち, まず重要なのは教養試験と専門試験です。これらは一次試験の際に行われ, ここで成績上位に入らなければ二次試験に進めませんし, なんの対策もせずにスラスラ答えられるような, 生やさしい内容ではないからです。

　教養試験・専門試験についてはPART Ⅱで詳しく説明しますので, まずは試験種目をひととおり紹介しておきます。

□ 教養試験

・5つの選択肢から1つを選ぶ形式 (五肢択一式) で行われます。
・すべての自治体で実施されます。
・一次試験で実施されます。
・一定以上の得点がないと二次試験に進めません。
・試験時間120〜150分, 解答数40〜50問という形が一般的です。

出題される
科目など, 詳しくは
PART Ⅱを見てね

教養試験の問題例

次の図のように配置された座席に井上，太田，小川，木村，林，山田の6人が座っている。各人の名前は一郎，二郎，三郎，四郎，五郎，六郎のいずれかである。井上の左隣には木村が座っており，後ろには四郎が座っている。二郎の左隣には山田が座っており，前には六郎が座っている。三郎の前には一郎が座っており，小川が座っているのは一番前の列である。最後列には2人が座っており，そのうちの1人である林は左端の席に座っている。このとき，確実にいえることはどれか。

1 最前列には2人が座っている。

2 山田は五郎の前に座っている。

3 林の名前は二郎である。

4 井上三郎は最前列に座っている。

5 太田四郎は最後列に座っている。

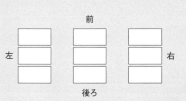

別冊模試22ページ

□ 専門試験

出題される科目など，詳しくはPART II を見てね

・五肢択一式で行われます。一部の自治体では，課題に対して長文の答案を書く「記述式」を課しています。

・ほとんどの自治体で実施されています。

・一部の自治体では，専門試験を課す試験区分のほかに専門試験のない試験区分を設けている場合もあります。ただし，専門試験がない場合，競争率は高くなります。

・一次試験で実施されます。

・一定以上の得点がないと二次試験に進めません。

・試験時間90〜120分，解答数40問という形が一般的です。

専門試験の問題例

行政手続法に関する次の記述のうち，妥当なものはどれか。

1 行政手続法は，行政庁の処分については，申請に対する処分と不利益処分の2種類につき内容的な規定を置き，不利益処分については，不利益の程度により2つの異なる意見陳述の方法を用意している。

2 申請に対する処分とは，許可，認可，免許などに際して，自己になんらかの利益または不利益をもたらす行為の総称であり，申請人に法令上の申請権があるかどうかを問わない。

3 不利益処分とは，行政庁が法令に基づき特定の者を名あて人として，直接に義務を課

しまたはその権利を制限する処分の総称であり，事実上の行為を含み，講学上の「侵害処分」と一致する。

4 行政手続法が，申請に対する処分について，行政庁に標準処理期間を定めなければならないという義務を課したことから考えて，行政庁が標準処理期間を徒過した場合には，直ちに不作為の違法の問題が生ずるものと考えられる。

5 不利益処分に当たり行われる聴聞は，行政庁が指名する職員によって主宰され，調書内容および報告書に記載された聴聞主宰者の意見には実質的証拠法則が認められるので，行政庁はそれらに拘束される。

別冊模試33ページ

□ 論文試験（作文試験）

・社会問題などの一般的な課題について論述するものです。
・ほとんどの自治体で実施されています。
・二次試験で実施されることが多いです。
・一次試験で実施しても採点は二次試験扱いのことが多く，教養・専門試験の得点で二次試験に進めなければ読まれることはありません。
・試験時間60～120分，字数は800～1200字程度という形が一般的です。

論文試験の課題例

・これまでで最もつらかったことと，それをどのようにして乗り越えたか。
・自分が希望の部署に就いたと仮定して，県職員を志望する後輩にその部署を紹介してください。
・受験する職種の視点から県の課題を1つ挙げ，その対策を述べよ。
・あなたにとっての『安心・安全な社会』とは何かを述べ，その実現に向けて具体的な施策を1つ述べよ。
・個人の価値観が変化する中で，住民のニーズに対応した行政を行うためには。
・県の魅力を高め，地域を活性化するためにはどうしたらよいか論じなさい。
・少子化社会における問題点を挙げ，活力ある社会にするための方策を論ぜよ。
・バイオエタノールの功罪とその是非

□ 適性検査（性格検査）

・内容はいわゆる性格検査です。
・ほとんどの自治体で実施されています。
・クレペリン検査（1ケタの数字を足していくもの）やＹＧ式性格検査（質問項目に「はい」「いいえ」「わからない」で答えていくもの）が一般的です。

・対策は特に必要ありません。

口 面 接 試 験

・受験者が1人で臨む「**個別面接**」のほか，受験者数人で一緒に面接を行う「**集団面接**」や，受験者数人でディスカッションを行う「**集団討論**」を実施している自治体もあります。また，数は少ないですが「自己アピール面接」や「プレゼンテーション」という形式の面接を行うところもあります。

・個別面接はほとんどの自治体で実施されています。

・**二次試験や三次試験で実施されます。**

・**最終的に合格するためにはこの面接試験がカギになります。**教養試験や専門試験を最優先しつつも，面接のことも念頭に置いて自己分析や自治体研究なども進めておきたいところです。

口 そ の 他 の 種 目

身体検査・健康診断が課されることも多いです。しかし，よほどの問題がない限り，その結果で不合格になることはありません。

だいたい
何点取れれば
合格できるの？

満点は
必要なし

おおよそ
6 ～ 7 割得点できれば
だいじょうぶでしょう

□ 6 ～ 7 割得点できれば
一次試験はほぼ合格できる

　択一式の教養試験と専門試験で何点取れば合格できるかということは，受験者の多くが気になるところでしょう。でも，確固とした合格最低点（合格に必要な一番低い点）というものは存在しません。試験問題そのもののレベルや受験者全体のレベル，募集人数・受験者数などが毎年変わるので，合格最低点も毎年上下動しているからです。

　とはいえ，それではサッパリわかりませんよね……。はっきりしたことはいえませんが，受験した先輩たちの自己採点をもとに類推すると，教養試験・専門試験とも満点の6～7割得点できれば，一次試験はほぼ合格できるというのが一つの目安になっています。

□「基準点」には要注意！

　6～7割得点できればいいといっても，「教養試験で頑張って9割取れば，苦手な専門試験は3割でいい！」というわけではありません。

　各試験種目には「基準点」があって，どれか一つでもその「基準点」を満たさないと，ほかの試験でどんなに高得点を取っても不合格となってしまうのです。

　基準点は，満点の3〜4割程度とするところが多く，教養試験・専門試験（択一式）だけでなく，論文試験にも設けられています。

□ 配点は，面接重視の傾向が

　地方上級試験では複数の試験種目が課されているわけですが，その配点はどうなっているでしょう。

　教養試験の配点を1とすると，専門試験（択一式）が1〜2程度，論文試験が0.5〜1程度というのが一般的です。

　最近では**面接の重要性が高まっています**。教養試験の配点を1としたときに従来は1〜2程度だったものを，3〜6程度にまでウエートを高める自治体が増えてきています。

　面接試験は，何も対策せずにその場に臨んでしまうと，言いたいことも言えずに終わってしまうことが多いです。「聞かれたことに答えればいいんでしょ？」などと甘く考えずに，しっかりと対策を練っておく必要があります。

> 面接試験については，『現職人事が書いた「面接試験・官庁訪問」の本』が詳しいよ

□ 筆記で上位に入ると有利？

　当然高い点数を取るに越したことはありません。しかしながら，実際の配点は面接のウエートが高い自治体が多いので，**いくら教養試験・専門試験などの筆記試験の点数がよくても，面接で逆転されてしまう可能性はあります**。

　また，一次試験の筆記の点数は一次合格の判断材料にしか使わず，二次試験受験者はまた同じスタートラインから競わせる自治体も増えています。

　だからといって筆記試験対策の必要がないわけではありません。まずは一次試験に合格しなくては，なんにもならないわけですから。

Memo

最 終 合 格 ＝ 採 用 で は な い ？

　公務員試験では，採用内定までの流れは「最終合格→採用候補者名簿に載る→採用面接→採用内定」となっていて，「最終合格＝採用」ではありません。最終合格者は採用候補者として名簿に載るものの，採用が100％保証されるわけではないということです。
　ただし地方上級試験の場合，これは建前。よほどのことがない限り，最終合格すれば内定は出ます。

みんな
どうやって
勉強してるの？

独学，通信講座，予備校・大学の講座やセミナーなど。長所と短所と見極めて！

□ 学習ツールを考える

　具体的に教養試験・専門試験の学習を進めていくとして，どういう方法を取ればいいのかは，悩ましいところでしょう。

　学習のツールとしては，大きく分けると，書籍を使った独学，通信講座，予備校・大学の講座やセミナーなどがあります。

　合格者はこのうちのどれか一つに絞る！というやり方ではなく，**これらをミックスしてうまく使いこなしている人が多いようです**。たとえば，独学を基本にしつつも苦手な科目は大学セミナーを利用したりとか，通信講座や予備校を軸にして不足しているところを市販の書籍で補ったりしているようです。

　それでは，学習ツールごとに長所と短所を確認しておきましょう。

□ 書籍で独学…安くつくが疑問があっても自己解決が基本

　市販の書籍を使いながら，独自に勉強していく方法です。公務員試験用の問題集や基本書は数多く刊行されているので，自分のスタイルに合ったものを選んで，都合の

いい時間に自分のペースで学習を進められます。また，**費用的に見ても最も安く済む**というのが利点でしょう。

難点なのは「**すべて自分でやらなくてはいけない**」ということです。独学だと，学習の途中で疑問に思うことがあっても，だれにも頼れません。また，市販の書籍では，刊行時期によっては情報が古くなっている場合があります。法改正などの最新情報についても自分で調べなくてはなりません。

オススメ本は合格した先輩に聞くのが一番！ネットの情報も頼りになるけどうのみにしないでね

□ 通信講座…必要なものがまとまっていて使いやすいが途中で挫折しがち

公務員試験対策に必要な教材がまとめて手に入るので，**何から手を着けたらいいのかわからない人にとっては便利**です。自分の都合のいい時間に自分のペースで進めていけるうえに，疑問に思うことが出てきた場合でも質問回答のシステムを利用できますし，法改正や制度改正などの最新情報についてもフォローしてくれるので安心できます。**独学より確実で予備校などに通うよりは手軽**で，費用的にも5〜8万円程度と，独学と予備校の中間的な位置づけになります。

通信講座の難点は，ある程度はその講座の勉強法に合わせないといけない点です。自分の好みに合うか合わないかに関係なく大量の教材が届くので，途中で挫折してしまう人も少なくありません。ムダにしないためには，毎月の達成目標をきちんと定めて**計画的にコツコツこなしていく忍耐力が必要**でしょう。

□ 予備校・大学の講座やセミナー…任せておけば安心できるがその分高くつく

独学や通信講座ではだらけてしまうような人でも，とにかく**学校に行きさえすれば否応なく勉強することになる**というメリットは大きいでしょう。また，学習中の疑問にも講師がすぐに答えてくれますし，法改正や制度改正などの最新情報についてもしっかりとフォローしてくれます。一人で孤独に勉強するのが苦手な人にとっては，一緒に学び合う仲間が作れるというメリットもあるでしょう。

問題となるのは費用が高くつく点です。**予備校の受講料は単発の講座でも数万円はしますし，半年間程度通う場合になると数十万円という額になる**のが普通です。また，担当している講師の質に左右されるところも大きいので，何から何までゆだねてしまうと危険ということもあります。

大学の就職課（キャリアセンター）や生協などが主催する講座は，外部の予備校より安いことが多いようです。そうした講座があるのなら，活用するのも一手です。

勉強のコツは？
みんなどのくらい
勉強してるの？

満点をめざさず，
勉強するテーマを
絞りましょう！
学習期間は6か月
くらいは必要です！

合格ラインに
届くのが
大事です

□ 細かいところは気にしない！

教養試験・専門試験（択一式）ではだいたい6〜7割できればいい……ということは，3〜4割は間違ってもいいということでもあるわけです。

満点をめざしても，苦労の割には報われません。というか，満点を取るのは無理！とあきらめましょう。それよりもすべての試験種目でまんべんなく6〜7割得点できるように，苦手をなくすことをめざしてください。

また，択一式の問題は，「正答が1つに絞れればいいだけ」です。たとえすべてを知らなくても，一部分を知っているだけで間違いの選択肢だとわかることも多いですし，消去法を使えば正答が導けることも多いのです。

あまり細かいところにこだわると学習が進まないので，「誤りの選択肢を見抜けるだけの知識があればいいんだ」「完璧にマスターしなくてもいいんだ」という意識で学習に臨んでください。

□ よく出ているところに絞って！

　教養試験と専門試験は，出題範囲が非常に広い割には1科目当たりの出題数は少なく，科目によっては毎年出題されないものもあります。ですから，**効率よく学習する方法を考えないと，絶対に追いつきません。**

　詳しくはPART Ⅱでお話ししますが，まずはどの科目が何問くらい出ているのか，どういう問題が出ているのか，よく出題されるテーマはなんなのかというところを把握するところから始めましょう。そして，定評のある本や教材を選んで，**重要な科目にウエートを置き，頻出テーマを中心に**学習していきましょう。それが効率よく点数が取れるようになるコツです。

□ 6か月は学習しないと…

　「どのくらい勉強すれば受かるの？」「みんなどのくらい勉強してるの？」というところも気になるとは思いますが，個人個人で基礎学力に差があるので，なんともいえないところです。

　これまでの合格者の声を聞くと，教養試験と専門試験が両方課されている試験を受験した方の場合，**学習期間が6〜7か月**という層が最も多く，**1週間の学習時間は20〜30時間**という層が最も多くなっています。

　1週間に30時間というと，週に1日休息日を設けるとすると，残りの6日間は毎日5時間勉強しないといけないことになります。1日にそんなに学習時間を取れない！という人は，なるべく早い時期から学習に取り組むようにしてください。逆にいえば「1日10時間勉強するぜ！」というなら学習期間が3か月でもなんとかなる！ということにもなりますが……無理してからだを壊さないでくださいね。

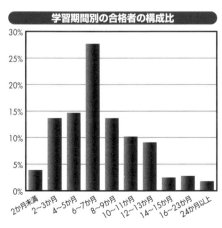

学習期間別の合格者の構成比

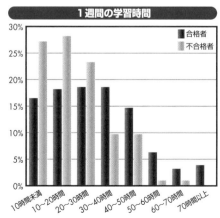

1週間の学習時間

もっと知りたい！
地方上級試験のこと

　おおまかに地方上級試験のことについて説明してきましたが，まだまだ知りたいこと，疑問に思うことは多いと思います。

　それでは，これまで書き切れなかったところについて，簡単にご説明しましょう！

Q 地元以外の自治体を受けるのは不利？

A 「だからこの自治体の職員になりたいんだ！」という熱意が伝わればOK！

　面接では「なぜこの自治体を志望するのか」ということは必ず聞かれます。そのときに面接官が納得するような理由を言えるかどうかにかかっています。

　たとえ地元の自治体を受ける場合でも「地元だから受けた」という理由だけだと，面接官に「単に楽したいから受けただけなんじゃないか？」「何も考えずに受けてるんじゃないか？」「仕事をする気があるの

か？」と思われてしまうかもしれません。

　地元かどうかというのはあまり重要ではなく，どうしてその地域を知って，どこに魅力を感じ，今後そこでどういう仕事をしていきたいかということが重要なのです。「だからこの自治体の職員になりたいんだ！」という必然性と熱意が伝われば，だいじょうぶです！

Q 採用試験を受けるのにお金はかかるの？

A 基本的には「無料」です

　公務員試験は，無料で受けられます。

　基本的に受験申込書の郵送費と返信用の

切手代と試験会場に行くための交通費がかかる程度ですので，併願できるものについては積極的に申し込んでおいたほうがいいと思いますよ。

出身学部によって有利・不利はあるの？

 A あることはありますが，あまり関係ありません

公務員試験の専門試験では法律科目のウエートが高いので，法学部出身者が有利だと思われるかもしれませんが，そうとも言い切れません。

確かに法学部出身者は法律の問題に関してはなじみがあるので学習しやすいともいえますが，経済についてはイチから学習を始めなければいけません。また，法学部出身者でもあまり勉強をしていなければ行政法や民法などは苦手なことも多いです。

判断推理・数的推理など公務員試験独特の科目については，だれにとっても初めて学ぶことになりますが，どちらかといえば理工系学部出身者が得点源にしやすい科目といえます。

また，筆記が教養試験のみの自治体があったり，英語資格を加点する自治体があったりもしますので，学部による有利・不利というよりは，個人の意識で差が出てくるのです。

高卒でも大卒程度の試験に受かってる人は実際にいるの？

A います！採用されるかどうかはあなたの努力次第です！

公務員試験は学歴制限のない区分であれば採用においての差別はありませんので，筆記試験の合格点に達するだけの実力とやる気があれば，高卒の方でも中卒の方でも大卒程度の試験に合格することは可能ですし，実際に合格している方もいます。その後の昇進についても，学歴によって差別されることはありません。すべてはあなたの努力次第です！

Q 初級の試験はどんな感じなの?

A 試験問題が少しやさしい以外は上級とあまり変わりません

　本書は，主に上級試験のことを説明していますが，初級試験もそんなには変わりません。違いは試験のレベルが高校卒業程度となるので，事務系では専門試験が課されず，教養試験も基礎知識が中心となるくらいのものです。

　注意すべきなのは，年齢と学歴制限で

す。受験可能な年齢は18歳から22歳くらいまでとなっているとこが多く，なかには大学・大学院卒業者は受験不可とするところもあります。

　なお，初級試験を実施する自治体は上級ほど多くはありません。自分の希望する自治体の状況は，事前に調べておきましょう。

Q 試験にはスーツを着ていくべき?

A 筆記試験は私服でもいいですが，面接はスーツで!

　筆記試験は，夏の暑い時期に行われます。会場によっては冷房がない場合もあるので（逆に冷房が強すぎることもあります），とにかく実力を発揮できることが最優先。筆記試験の会場にスーツを着ていく必要はありませんが，ジャージ姿やあまりに露出の多い服装など，常識を疑われる格

好は好ましくありません。

　ただし，面接試験はスーツ（いわゆるリクルートスーツ）を着て受けてくださいね。自治体によっては一次試験から面接を課すところもありますので，注意してください。

「選択枝」っていうのは間違いじゃないの？

A 公務員試験独特の専門用語なのです

公務員試験は，問題の趣旨に合致するものを5つの中から1つ選ぶ形式が多いのですが，この5つあるものを「選択枝」と呼ぶことがあります。一般的には「選択肢」を使うのが普通なので，混乱しますね。

なぜ「枝」かというと，公務員試験の総元締である人事院が「多枝選択式」という語を使っていたからです。人事院の説明によると，「試験導入当初『肢』が当用漢字

になかったこと，身体用語を避けたいということ，英語で設問部分をさす『幹（stem）』に対し選択枝は『枝（branch）』に当たること」などが理由です。

しかし，平成24年度から人事院規則の条文が「多肢選択式」になりました。

どちらも間違いではないので，「選択枝」という表記を見つけても「間違っている！」「誤植だ！」と思わないでくださいね。

給料っていくらくらいもらえるの？

A 1年目の基本給は上級事務で 17〜19万円です

給与は自治体や地域ごとに違っていますし，人によっても年齢・学歴・職歴・資格の有無などで違ってきますが，事務系職員のおおまかな初任給は，初級で13〜15万円程度，中級で15〜17万円程度，上級で17〜19万円程度というのが一般的です（資格・免許職や消防職ではこれよりも若干高くなっています）。このほかに，住居手当，扶養手当，時間外勤務・超過勤務手当（いわ

ゆる残業代），通勤手当，地域手当（民間賃金の高い地域に勤務する場合に支給）などが，必要に応じて支給されます。

参考までに，大学を卒業した後すぐに首都圏の自治体の上級事務職として採用された人（賃貸住宅に住んでいて，扶養家族がおらず，残業や特殊勤務をほとんどしない場合）を例にすると，諸手当を含んだ額面上の給与は，月額で22万円程度になりま

す。これに期末・勤勉手当（いわゆるボーナス）などを入れると，初年度の年収は350万円ほどになるでしょう。

公務員の給与は民間企業の給料に準拠して決められていますので，一流の大企業よりは低いかもしれませんが，中小企業などと比べると高水準で安定しているといえるでしょう。

自分の受けたい自治体の情報はどうやって手に入れたらいい？

公務員試験情報誌や自治体のウェブサイトを見るのが第一歩です

ここまでのガイドでは，スムーズな理解のために各自治体の詳細については省いていますし，例外的な事柄については述べていません。地方上級試験は，自治体によって異なる部分もあるので，事前に志望する自治体の情報を得ておく必要があります。

小社で刊行の公務員試験情報誌『受験ジャーナル』には，地方上級試験の情報が数多く掲載されているので，ぜひチェックしてみてください。また，『地方上級 教養試験過去問500』『地方上級 専門試験過去問500』『東京都・特別区I類 教養・専門試験過去問500』には，過去に全国の自治体で出題された問題が収録されており，『新スーパー過去問ゼミシリーズ』にも地方上級の過去問が多数収録されていますので，そちらも参考にしてください。

自治体のウェブサイトは，インターネット上で検索してしまうのが一番早いでしょう。自治体のサイトのおそらくトップページに「職員採用試験」や「採用について」などといった項目があるので，そこからさまざまな情報が得られると思います。また，自治体から定期的に発行されている「○○県だより」などの広報紙にも目を通してみましょう。採用の情報も載っていますし，自治体が力を入れているプロジェクトなどについて知ることもできるので，面接試験の際にも役立ちます。

筆記試験の対策がわかる！

PART Ⅱ

どんなところが出る？
教養・専門試験の
攻略法

ここでは，公務員試験で最大の難関となる筆記試験について
紹介します。筆記試験（教養試験・専門試験）で出題される各
科目について，どんな科目か，出題の形式，出題される範囲，
学習の重点を置くべきテーマ，学習法のポイントを解説します。
やみくもに学習に突き進む前に必見です。

教養試験・専門試験ってどんな科目が出るの?

教養試験は中学・高校で学ぶような科目, 専門試験は大学で学ぶような科目が出ます

いろいろな問題が出ます

□ 教養試験の出題科目

教養試験の出題科目は, 受験案内に
「一般的知能（文章理解〔英語を含む〕, 判断推理, 数的推理及び資料解釈の能力）及び一般的知識（社会, 人文及び自然の知識）」
「一般的な知識及び知能について」
などと表記されることが多いです。

それぞれの科目の内容については, 50〜79ページを見てね

でもこれではわかりづらいですよね。そこで教養試験の科目構成を図にしてみました。下図を見てみてください。

まず, 教養試験は, 一般知能分野と一般知識分野の2つに大きく分かれます。

一般知識分野は中学・高校までの教科に準じた科目になっているのでわかりやすいと思いますが, 一般知能分野は公務員試験独特のもので, 科目名も初めて見るものばかりだと思います。

一般知能の科目をちょっとだけ説明しますと, 文章理解は現代文・古文・英文などの読解力を試すもので, 判断推理・数的推理は数学的な

教養試験の出題科目

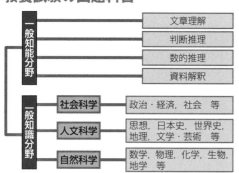

一般知能分野		文章理解
		判断推理
		数的推理
		資料解釈
一般知識分野	社会科学	政治・経済, 社会 等
	人文科学	思想, 日本史, 世界史, 地理, 文学・芸術 等
	自然科学	数学, 物理, 化学, 生物, 地学 等

44

パズルに似たもの，**資料解釈**は表やグラフを用いた資料の読取り問題となっています。

　なお，教養試験は事務系も技術系も，同じ試験日であれば同じ問題が出題されます。

□ 専門試験の出題科目

　専門試験（択一式）は大学の専門課程レベルの内容で，**試験区分に関連した科目から出題されています**。

　事務系の試験区分での専門試験の科目構成を図にしたのが，以下の図です。

　事務系の専門試験は，**行政系科目，法律系科目，経済系科目，商学系科目，その他**に分かれます。出題科目については受験案内に明記されるので，教養試験のような不透明感はありません。

　多少わかりにくいのは「経済学」という科目です。これは経済原論（経済理論とも呼びます）のほかに経済史，経済事情，経済政策などが合わせて出題される場合の科目名です。ま

専門試験の出題科目

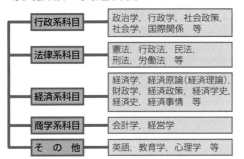

行政系科目	政治学，行政学，社会政策，社会学，国際関係　等
法律系科目	憲法，行政法，民法，刑法，労働法　等
経済系科目	経済学，経済原論(経済理論)，財政学，経済政策，経済学史，経済史，経済事情　等
商学系科目	会計学，経営学
そ の 他	英語，教育学，心理学　等

それぞれの科目の内容については，82〜103ページを見てね

た，**経済原論は範囲が広い**ので，問題集などでは「ミクロ経済学」「マクロ経済学」と2つに分かれている場合があります。覚えておいてください。

Memo

選 択 解 答 制 と は ？

　出題された問題のうち決められた題数だけを選んで解答する方式を「選択解答制」といいます。約半分の自治体で導入されています。選択解答制の試験では苦手な科目，わからない問題を飛ばすことができます。

　ただし，教養試験では，「一般知能分野は全問必須解答・一般知識分野は選択解答」とする自治体が多く，その場合には一般知能分野の問題を飛ばすことはできません。

「全国型」とか「関東型」とかって何のこと？

地方上級試験の6つの出題タイプの名称です

□ 6つの出題タイプとは？

地方上級試験は，基本的に各自治体がそれぞれに行っているものなのですが，自治体ごとに何もかもすべて違っているわけではありません。特に一次試験については試験日をそろえて，同じ問題を使うところが多くなっています。

実務教育出版では，地方上級試験を，出題科目の構成や各科目の出題数が近く，共通する問題が多いものをグループ化しています。

もっと細かく分類できるけど学習のためには5つで十分

●全国型（全国型変形タイプ）

広く全国的に分布し，教養試験，専門試験ともに，**地方上級試験のベースとなっている**出題タイプです。他の出題タイプでも全国型と共通の問題がかなりの割合を占めています。

教養試験は120〜150分・出題数50問という場合が多く，専門試験は120分・40問という場合が多くなっています。変形タイプとは，全国型の問題に独自の問題や科目を加えたり除いたりして出題数を増減させているものです。

●関東型（関東型変形タイプ）

関東甲信越＋静岡県の10県が該当する出題タイプです。教養試験は120〜150分・出題数50問40問解答という場合が多く，専門試験は120分・50問中40問解答という場合

が多くなっています。

●中部・北陸型

中部・北陸地方の4県（三重県，富山県，石川県，福井県）が該当する出題タイプです。教養試験は150分・50問，専門試験は120分・50問中40問解答です。専門試験で社会学や経済事情が出題されるのが特徴となっています。

●法律・経済専門タイプ

京都府，広島県，名古屋市，神戸市，広島市に見られる出題タイプです。専門試験で，出題の大半が法律系科目または経済系科目から出題されています（申込時にいずれかを選択します）。教養試験は全国型（全国型変形タイプ）です。

●その他の出題タイプ

神奈川県（専門試験），徳島県（専門試験），横浜市（教養試験）などは，全国型等との共通問題を含みつつ，他の出題タイプとは異なる出題構成となっています。

●独自タイプ

東京都，特別区（東京23区）などが該当します。完全にオリジナルの問題を出題します。

まずは全国型の主だった科目の勉強を進めて！

□ タイプが異なっても問題は共通

出題タイプに分かれるといっても，タイプごとにまったく異なる問題が出るわけではありません。道府県・政令指定都市では，全国型と同じ問題が多く出題されています。全国型の問題を中心にしつつ，各出題タイプ，あるいは各自治体が独自の問題を加えています。ですから，**学習も全国型の主要科目から始めるのがオススメ**です。

なお，東京都と特別区は，他の自治体とはまったく異なる独自の問題を出題しています。他の道府県・政令指定都市とは一次試験日が違うためですが，東京都と特別区もそれぞれ別々にオリジナル問題を出題しています。

□ 出題タイプによって学習を微調整

同じ問題が出るのに別の出題タイプとして分類するのは，科目ごとの出題数に大きな違いがある場合には，学習の進め方に影響が出るからです。自分の受ける試験で出ない科目を学習してもしかたありません。

ただし，学習を始める時点では，出題タイプの違いはそれほど気にする必要はありません。どの自治体でも出題される主要科目，その中でも**「よく出る定番の問題」を中心に学習すべき**だからです。本書の過去問模試は，そのような「よく出る定番の問題」を集めています。

教養試験では
どこが大事なの？

カギを握るのは
判断推理と
数的推理です！

重要科目を
優先で

□ 各 科 目 の 出 題 数

各科目の出題数は表のとおりです。

一般知能分野と一般知識分野が大体半分ずつの出題となっています。これは，公務員試験ならどの試験でも同じです。

なお，出題タイプの違いによる特徴はそれほど顕著ではありません。

出題数が多いのは，出題タイプに関係なく，**政治・経済，文章理解，判断推理，数的推理**です。これらの科目は出題数が多いだけでなく，地方上級以外の試験でも似たような問題が出るので，併願を有利にするという点でも重要な科目です。

次いで，**社会**もしくは**社会事情**が多くなっています。科目の名称は分かれていますが，いずれにしても社会事情に関する問題が出されるので，54ページでは「社会」としてまとめて取り扱っています。この科目は，時事的な内容がほとんどなので過去問演習がそのまま通用するわけではありませんが，問われるテーマには一貫性，継続性があるので，「どんなテーマが出るのか」を知るためにも過去問を解いておく意味があります。

教養試験の科目別出題数

科　目	全国型	関東型	中部・北陸型	東京都	特別区
政治・経済	8	7	4	3	4
社　　会	4	6	6	0	0
社会事情	0	0	0	5	4
思　　想	0	0	0	0	1
地　　理	2	2	2	1	1
日 本 史	2	3	3	1	1
世 界 史	2	3	2	1	1
文学・芸術	0	1	1	1	0
国　　語	0	0	0	0	0
数　　学	1	1	1	0	0
物　　理	1	1	1	1	2
化　　学	2	2	2	1	2
生　　物	2	2	2	1	2
地　　学	1	1	1	1	2
文章理解	9	9	9	8	9
（英文の内数）	(5)	(5)	(5)	(4)	(4)
判断推理	9	6	9	6	10
数的推理	6	5	6	6	5
資料解釈	1	1	1	4	4
合　　計	50	40/50	50	40	40/48

＊合計欄の見方：40/50＝出題数50問中40問選択解答。
＊東京都は「一般方式」。

ロ合格ライン達成のために

　一般知能分野は，公務員試験に特有の科目ということもあって慣れないうちは苦しみますが，学習が進むにつれて得点源になってくれるので，**一般知能分野の対策を中心に据える**とよいでしょう。

　判断推理・数的推理では8割以上正答できるようにしたいところです。この2科目は学習を積めばだれでも正答率を上げられますし，短時間で解答できるようにもなります。教養試験では，本番の試験でも時間が足りなくなるのが普通ですから，解答時間を短縮できるこの2科目は最重要です。

　文章理解も出題数が多いので得意科目にできるとよいのですが，苦手な人が得意になるには時間のかかる科目なので，じっくり問題演習を重ねていくしかないでしょう。それでも現代文は2〜3問正答したいところです。

　資料解釈は出題数も多くないので優先度は低くなります。

　一般知識分野については，高校で履修していた科目で得点することを狙います。文系出身者なら人文科学（日本史，世界史など），理系出身者なら自然科学（数学，物理など）で得点を稼ぐことが多いようです。また，事務系志望の場合は，**社会科学**（政治，経済など）が専門試験の内容と重複するので，**得点源にすべき**です。3分野のうち2分野で8割の正答率をめざします。

　以上のように得点を稼げれば，だいたい60〜65％の正答率に達します。もちろん人によって得意・不得意があるので，自分に合った得点計画でよいのですが，**判断推理と数的推理を得点源にするという基本は守ったほうがよいでしょう。**

ロ各科目の傾向と対策について

　次ページから，教養試験の各科目について，問題の形式，出題される内容，学習のポイントなどをまとめています。

　過去に出題された問題の内容については「過去10年間の出題テーマ」として一覧表にまとめました。

①取り上げる試験は，**全国型，東京都，特別区**です。それぞれを右のように記号で表します。

②記号1つについて1問の出題があったことを示しますが，1つの問題で複数のテーマにまたがっている内容の場合は，複数の該当箇所に記号を配置しています。

　なお，年度・試験によっては情報が十分になく，どのような内容だったか判明していない問題もあります。

試験名と記号の凡例

試験	記号
全国区	全
東京都	都
特別区	区

政治 傾向と対策

出題数		
全国型	東京都	特別区
4問	2問	3問

高校で学習する内容がベース
憲法を中心に国際政治など時事的な出題も多い

教養試験 No.1〜5

どんな問題が出るの?

　日本国憲法の出題割合が高く，国際政治などの分野では時事問題と絡んだ出題も目立ちます。日本国憲法は，高校までに習った内容よりも細かい知識が問われますが，聞き慣れた用語や概念が多いため心配は不要です。また，時事問題については，政治の分野の基礎知識を前提として試験の前年の出来事のうち重要なものを押さえておく必要があります。

出題テーマの傾向は?

　全体を通じて，国際政治の分野が，時事的な問題を含めて注意が必要です。また，国会の権限と衆議院の優越のテーマも注意が必要です。
　東京都では，各法律の基本問題の分野で，民法と刑法の出題があるので注意が必要です。
　特別区では，政治史の出題が目立ちます。

学習のポイント

　日本国憲法では，基本的人権の分野では判例，国会・内閣・裁判所といった統治機構の分野では条文の知識が重要です。頻繁に出題される知識は限られていますので，専門科目の憲法の易しめの問題も含めて，頻出の過去問で知識を押さえるようにしましょう。
　東京都で出題される憲法以外の法律については，深入りしても効率が悪いので，余裕があれば基礎知識のみを押さえる程度で十分でしょう。
　また，直前期には国際関係などを中心に時事的な知識を補充する必要があります。

重要度 3 大
難易度 4 難
出題範囲 3 広
学習効率 2 低
思考力 3 要

政治　過去10年間の出題テーマ

出題箇所		年度 26	27	28	29	30	元	2	3	4	5
政治学	政治・国家に関する理論						区			全	
	権力・民主政治	全									
	基本的人権の思想					区					
	社会契約説										
	政治制度		都					全都			
	日本の選挙制度	全		全都					全都	全	
	政党と圧力団体						全				
	日本政治史・外交史	都	区								
	日本の政策	都									
行政学	行政改革・行政統制										
	地方自治	区	都	全							全区
国際政治	国際法と国際政治		全		都				区	区	区
	国際連盟と国際連合	都	区							都	
	国際政治の現状と課題		全	区			都		区		
	世界各国の政治			都						区	
	国際政治史			区							
法学	法の基礎理論	区		区	区					区	
	明治憲法と現行憲法		区		区						
憲法の基礎	憲法の基本原理	都	全				全				全
	基本的人権の歴史的展開と体系				区						
基本的人権	人権の享有主体						都	全			
	幸福追求権・法の下の平等		全				全				都
	精神的自由	全	全	都							全
	人身の自由			全都				全			
	経済的自由権						全				
	社会権・参政権		区			全	区			全	
国会・内閣	国会議員										
	国会の活動	全					全		区		
	国会の権限と衆議院の優越						都	区	全		
	内閣			全							
裁判所	裁判所の組織と権能	区	全				都			全	
	違憲法令審査権		全		全		全				
	司法制度改革										都
各法律の基本	民法の基本問題									都	
	刑法の基本問題			全都							
	その他の法の基本問題		区				全区				全区
	新しい法律・法改正	全都区		全	全		都区				
	最新判例	都	都								

特別区は政治史が多い

全国型は人権がよく出る

（全＝全国型，都＝東京都，区＝特別区）

経済 傾向と対策

大卒教養レベルの経済理論・一般常識
全国型・特別区は理論中心，東京都は事情中心

どんな問題が出るの?

　理論問題と経済事情問題を中心に出題されています。理論問題は大学で教養科目として開講されている経済原論（市場の役割や消費者・生産者レベルで経済を見るミクロ経済学と，国レベルで経済を見るマクロ経済学）の内容にほぼ相当し，経済事情問題は大卒一般常識レベルの内容です。

出題テーマの傾向は?

　全国型では，近年，経済原論（ミクロ経済学，マクロ経済学）の出題比重が重くなってきています。ミクロ・マクロ経済学の双方で応用テーマが出題されることはあまりなく，両科目全体で難易度が調整されているようです。

　東京都は，経済事情の出題比重が重い点で，他の試験と大きく異なります。比較的同じテーマから集中して出題される傾向が見受けられますが，試験前年辺りの世界経済がらみの話題に応じて大きくぶれることもあります。

　特別区では，26年度までは経済原論の基礎テーマを中心に出題されていました。日本経済史と世界経済史（第二次世界大戦後の国際経済協力）からほぼ交互に1問出題

されるという特徴があります。

学習のポイント

　経済原論（ミクロ経済学，マクロ経済学）対策では，図解が多いテキストを使い，自ら作図して確認する作業を勧めます。経済学部1年生向けの講義に参加するのも一つの方法です。

　経済事情対策では，試験前年の主要な白書や日々の各種報道を押さえることが必要です。それらをまとめた『公務員試験　速攻の時事』（実務教育出版）を活用するのもよいでしょう。

重要度 **3** 大
難易度 **4** 難
思考力 **3** 要
学習効率 **2** 低
出題範囲 **3** 広

経 済　過去10年間の出題テーマ

<table>
<thead>
<tr><th colspan="2">出題箇所　　　年度</th><th>26</th><th>27</th><th>28</th><th>29</th><th>30</th><th>元</th><th>2</th><th>3</th><th>4</th><th>5</th></tr>
</thead>
<tbody>
<tr><td rowspan="5">ミクロ経済学</td><td>余剰分析</td><td></td><td></td><td></td><td></td><td></td><td></td><td></td><td>都</td><td></td><td></td></tr>
<tr><td>消費者行動</td><td></td><td></td><td>全</td><td>全</td><td>全</td><td>全</td><td></td><td></td><td></td><td></td></tr>
<tr><td>生産者行動</td><td></td><td>全</td><td></td><td></td><td>全</td><td></td><td></td><td></td><td>全</td><td></td></tr>
<tr><td>需要曲線と供給曲線</td><td>全</td><td></td><td></td><td></td><td></td><td></td><td>全</td><td>全</td><td></td><td></td></tr>
<tr><td>市場の失敗</td><td></td><td></td><td></td><td></td><td></td><td>都</td><td></td><td></td><td></td><td></td></tr>
<tr><td rowspan="3">マクロ経済学</td><td>経済循環と国民所得</td><td>全</td><td>全</td><td></td><td>都</td><td></td><td></td><td>全</td><td></td><td></td><td>全</td></tr>
<tr><td>貨幣数量説と物価変動</td><td colspan="10" style="text-align:center">東京都では
経済原論が少ない</td></tr>
<tr><td>AD-ASモデル</td><td></td><td></td><td></td><td></td><td></td><td></td><td></td><td></td><td></td><td></td></tr>
<tr><td rowspan="4">金融</td><td>マネーサプライとマーシャルのk</td><td></td><td></td><td></td><td></td><td></td><td></td><td></td><td></td><td></td><td></td></tr>
<tr><td>日銀の景気政策</td><td></td><td>全</td><td></td><td></td><td></td><td></td><td></td><td>全</td><td></td><td></td></tr>
<tr><td>金融政策論</td><td></td><td></td><td>全</td><td></td><td></td><td>全都</td><td></td><td></td><td></td><td>全</td></tr>
<tr><td>IS-LM分析</td><td></td><td></td><td></td><td></td><td></td><td></td><td></td><td></td><td></td><td></td></tr>
<tr><td rowspan="2">経済国際学</td><td>国際分業と国際経済</td><td></td><td></td><td></td><td></td><td></td><td></td><td>区</td><td></td><td></td><td></td></tr>
<tr><td>国際収支</td><td></td><td></td><td>全</td><td></td><td></td><td>区</td><td></td><td></td><td></td><td></td></tr>
<tr><td rowspan="3">財政</td><td>日本の財政</td><td></td><td>全都</td><td></td><td></td><td>全</td><td></td><td></td><td></td><td>全</td><td></td></tr>
<tr><td>財政政策</td><td></td><td></td><td></td><td></td><td>都</td><td></td><td></td><td></td><td></td><td></td></tr>
<tr><td>租税制度</td><td></td><td></td><td></td><td></td><td>全</td><td>全</td><td>全</td><td></td><td></td><td></td></tr>
<tr><td rowspan="2">経済史</td><td>戦後の日本経済</td><td></td><td></td><td></td><td></td><td>都区</td><td></td><td></td><td></td><td></td><td></td></tr>
<tr><td>第二次世界大戦後の国際経済</td><td></td><td></td><td></td><td></td><td></td><td></td><td></td><td></td><td></td><td></td></tr>
<tr><td rowspan="5">経済事情</td><td>日本経済事情</td><td></td><td>全</td><td></td><td></td><td></td><td></td><td></td><td>区</td><td>区</td><td>区</td></tr>
<tr><td>日本のODA</td><td>区</td><td>区</td><td>都</td><td></td><td></td><td></td><td></td><td></td><td></td><td></td></tr>
<tr><td>世界経済事情</td><td>都区</td><td></td><td></td><td></td><td></td><td></td><td>全</td><td>全</td><td>全</td><td></td></tr>
<tr><td>地域的経済統合</td><td>都</td><td></td><td></td><td></td><td></td><td></td><td></td><td></td><td></td><td></td></tr>
<tr><td>国際通貨問題</td><td></td><td></td><td></td><td></td><td></td><td></td><td></td><td></td><td></td><td></td></tr>
<tr><td colspan="2" style="text-align:center">経済学説</td><td></td><td></td><td></td><td></td><td></td><td></td><td></td><td></td><td></td><td></td></tr>
<tr><td colspan="2" style="text-align:center">経済用語</td><td></td><td></td><td>全</td><td></td><td></td><td></td><td>都</td><td>都</td><td>都</td><td>都</td></tr>
</tbody>
</table>

（全＝全国型，都＝東京都，区＝特別区）

教養試験

社会 傾向と対策

出題数		
全国型	東京都	特別区
6問	**5**問	**4**問

教養試験
No.9〜10

内容は高校の「現代社会」とほぼ共通
頻出のテーマ＝環境，人口，国際社会を攻略しよう

どんな問題が出るの?

　社会は，広範囲の知識が問われる科目です。高校の「現代社会」と共通する部分が多く，基礎知識のほかに時事的な知識（近時のニュースなど）も出題されます。

出題テーマの傾向は?

　全国型では，同じテーマが繰り返し出題されることが多く，具体的には環境・エネルギー問題，人口問題が頻出となっています。環境については地球温暖化，ことに京都議定書に関する出題が目立っていますが，今後は「パリ協定」「再生可能エネルギー」「循環型社会」など，地球温暖化の周辺の話題にも注意が必要です。

　東京都は，「政治」や「経済」とは別に「社会事情」という名称で出題されています。経済事情，国際社会，前年中に出された判例が要注意のテーマです。特に判例は，毎年のように出題されています。1問の中に幅広い選択肢を含む問題も多く，他の試験に比べて広範囲の知識が必要となります。

　特別区ではさまざまなテーマがまんべんなく出題されていて，傾向を把握しにくくなっています。農業・食料のように，他の

試験ではあまり出題されない，珍しいテーマの問題が出ることもあります。

学習のポイント

　複数の試験を併願するのであれば，環境・エネルギー問題，人口問題，少子高齢化，国際社会などのオーソドックスな分野を学習するのがよいでしょう。**東京都**を受験する人は，判例と経済事情も加えましょう。

　社会は毎年数字や重要事項が変化するので，『公務員試験　速攻の時事』（実務教育出版）などに目を通すとよいでしょう。

重要度 **3** 大
難易度 **4** 難
出題範囲 **5** 広
学習効率 **3** 低
思考力 **3** 要

社会　過去10年間の出題テーマ

出題箇所		26	27	28	29	30	元	2	3	4	5
	心理学・社会心理学										
労働事情	雇用・就業構造		都	都						都	
	雇用・失業政策								都		
	賃金										
	労働法制						全区	全都			
社会保障	社会保障制度			区					都		全
	年金制度			区	全都						
	医療保険制度			区							
	介護保険制度										
	少子高齢化		全						全		都
現代社会の諸相	家族・教育・青少年問題	全都区					全都		全	都	
	人権・外国人問題	都		全		都		都	全		都
	科学技術・情報技術・知的財産	全	都				都	全	都	全区都区	全
	環境・防災・エネルギー	全区	全都	全都区	全	全全	全	全都		全全都都	全
	保健・医療・衛生									全	
	農業・食料		全		全						
	人口問題		全		全			全	全		全
	NPO・ボランティア										
	わが国社会の現状	都	区	区	都区区	全区	都区	全	全済都都		都区全区
	各国の現状								区		
日本政治	行財政改革						全区都	区区			
	司法							都区	区		
	判例	都		都		都			区		
国際社会	国際情勢	都都	全都区	全都	全全都区区	全都区全	都都区全全	全	都		都区全
	日本の外交・防衛	都		全						都区	区
経済事情	経済政策・税制			区		都		全	都	全	都
	金融政策, 国際金融事情	区		区					全		
	貿易		都区	全都区							
	経営										

(全＝全国型, 都＝東京都, 区＝特別区)

東京都は国際社会や経済事情も出題範囲となっている

日本史 傾向と対策

出題数		
全国型	東京都	特別区
2問	**1**問	**1**問

出題範囲は高校までの学習内容と重複 近世以降，特に江戸時代の出題が多い

教養試験
No.11～12

どんな問題が出るの?

高校の日本史の教科書の範囲で出題されています。特に，日本史Bの教科書に対応しています。

日本史Aの教科書の範囲では対応できないような，内容的に踏み込んだ問題が出題されていますので，早めに学習に取り組みたい科目です。

学習のポイント

全国型では鎌倉時代以降を重点的に学習することが重要です。東京都と特別区は古代史から出題される可能性も高いので，古代から現代までていねいに学習しておきたいところです。全体としては江戸時代が最頻出テーマですので，じっくり学習しておきましょう。

出題テーマの傾向は?

全国型では，古代史の出題は少ない傾向にあります。鎌倉時代から江戸時代までが出題の頻度が高い時代ですが，ここ数年は明治時代から第二次世界大戦後の日本の状況に関する出題が増えています。テーマ別通史も出題されていますので，外交史，法制史，土地制度史などもしっかり学習しておきたいテーマです。

東京都では，世界史と交互に出題されます。古代・中世からの出題が多くなっています。全国型と違って，江戸時代から出題される割合は少なくなっています。

特別区では，日本は各時代からまんべんなく出題されています。

重要度 **3** 大
難易度 **3** 難
出題範囲 **5** 広
学習効率 **4** 低
思考力 **4** 要

日本史　過去10年間の出題テーマ

出題箇所		年度 26	27	28	29	30	元	2	3	4	5
律令国家	律令国家の成立										
	藤原氏の台頭										
	摂関政治と国風文化						都				区
	院政と平氏政権										
鎌倉時代	鎌倉幕府・執権政治								全		
	経済の発達										
	鎌倉文化・鎌倉仏教						区			都	
室町～安土桃山時代	室町幕府の創設		区						区		
	室町時代の産業・土一揆										
	戦国大名										
	北山文化と東山文化					都					
	織豊政権			区							
江戸時代	身分制度と統制策		全			都	全				
	対外関係・鎖国										
	商業・都市の発展										
	幕政の推移						全				都
	江戸時代の文化							区			
明治時代	開国とその影響								都		
	近代化のための諸改革	全都		全		全				全	
	条約改正			全							
	日清, 日露戦争と資本主義の発達								全	区	
両世界大戦	第一次世界大戦と日本経済	全		区			全				全
	政党政治と大正デモクラシー			都区			区				
	ファシズムの台頭とテロ			都	全						
	第二次世界大戦	区	全		全						
現代	戦後の改革						全	全都	全		
	国際社会への復帰			全							
	現代史										全
通史	外交史										
	文化史主教史									全	
	土地制度										
	沖縄の歴史	区									

全国型の最頻出テーマは江戸時代～明治時代

（全＝全国型，　都＝東京都，　区＝特別区）

世界史 傾向と対策

出題数		
全国型	東京都	特別区
2問	1問	1問

出題範囲は高校までの学習内容に対応
ヨーロッパ史とアジア史が均等に出る

教養試験
No.13〜14

どんな問題が出るの?

高校の世界史の教科書の範囲で出題されています。日本史と同じように世界史Bの教科書に対応して出題されています。

世界史は世界の歴史ですので，日本史よりも格段に範囲が広い科目です。その意味で受験者を悩ませる科目ともいえます。しかし，世界史の頻出テーマを知ったうえで学習に取り組んでいけば，効率的に覚えられる科目でもあります。

出題テーマの傾向は?

全国型では，古代・中世からの出題は少ない傾向にあります。近代以降のヨーロッパ史の出題頻度が高くなっていて，特に，市民革命と19世紀のヨーロッパ，戦後がよく出題されています。近代以降の中でも帝国主義時代の出題はあまり見られません。

東京都では，日本史と交互に出題されます。19世紀とテーマ別通史の出題率が低く，それ以外の時代はまんべんなく出題される傾向があります。

特別区では，近代以降のヨーロッパ史から出題される割合が高く，また，顕著な傾向としては，アジア史でも特に中国史に関する出題が多い点が挙げられます。

学習のポイント

ヨーロッパとアジアを柱にして，頻出テーマを学習していきましょう。東京都では古代・中世が問われた時期もありますので，古代から現代までおおよその流れをつかむ学習が大切です。

重要度 3 大
難易度 4 難
出題範囲 5 広
学習効率 4 低
思考力 4 要

世界史　過去10年間の出題テーマ

出題箇所	年度	26	27	28	29	30	元	2	3	4	5
古代・中世	古代史								区		
	中世ヨーロッパ		区			区					
	モンゴル帝国		全							都	
近代化と絶対主義諸国	ヨーロッパ人の対外進出	全								区	
	宗教改革							都			
	絶対主義諸国の盛衰										
	近代国家の成立										全
	植民地抗争の展開										
市民革命と産業革命	産業革命			全	都						区
	アメリカの独立と発展			全			都	全			
	フランス革命	区		全					全		
自由主義～帝国主義	ウィーン体制										
	1830年代のヨーロッパ						全				
	1848年のヨーロッパ										
	帝国主義時代										
世界大戦	ヴェルサイユ体制			全	区	全	都				都
	世界恐慌とファシズムの進出	全	全	全							
	第二次世界大戦		都	全							
現代	大戦後の国際政治	全	全	全区	全全		全区				
	民族運動		全		全				都		
アジア・イスラム	中国王朝史		全					全		全	
	中国近現代史							全			
	朝鮮・台湾・東南アジア				全	全			全		
	インド									全	
	イスラム世界・中東情勢		全					区			全
通史	西欧史										
	文化史										
	宗教史										

（全＝全国型，都＝東京都，区＝特別区）

PART
II

教養・専門試験の攻略法

地理 傾向と対策

出題数		
全国型	東京都	特別区
2問	**2**問 **1**問	**1**問

出題範囲は高校までの学習内容
世界地理の出題頻度が高く，各国地誌がポイント

教養試験
No.15〜16

どんな問題が出るの?

高校の地理Bの教科書の範囲で出題されています。大きく分ければ自然地理，世界地理，日本地理に分類できます。自然地理としては，地形や気候・土壌，人種・民族・宗教が出題されています。世界地理としては，世界の諸地域の特色が問われています。日本地理では，日本の農業や工業，貿易が問われています。

問題の形式の特徴は?

地理の場合は，出題形式が多岐にわたっています。問題中に地図やグラフが掲載される割合が高く，それらを見ながら考える問題が多くなっています。

出題テーマの傾向は?

全国型では，自然地理からの出題が多くなっています。この分野では世界地図の図法の区別や標準時の問題など手の込んだ問題も出題されています。日本地理の出題率は低く，5年に1回程度で出題されています。

東京都では，各国地誌の分野からオーソドックスな問題が出題されています。気候の出題は過去にありましたが，近年では少なくなっています。ここしばらく出題されていない点から復活して出題される可能性もあります。

特別区では，各国地誌が出題されています。5〜6年に1度気候が出題されています。日本地理からも出題されています。

学習のポイント

まず，自然地理の分野を地図帳を用いてていねいに学習しておくべきでしょう。さらに世界の諸地域について特色を把握する学習を進めましょう。

重要度 **3** 大
難易度 **2** 難
出題範囲 **5** 広
学習効率 **2** 低
思考力 **3** 要

地理　過去10年間の出題テーマ

出題箇所		年度 26	27	28	29	30	元	2	3	4	5
地形・気候	世界の大地形								区		
	海の地形										
	侵食・堆積地形		都		区		全				
	平野・海岸地形		都		区				全		
	世界の河川										
	土壌										
	風										
	気候		全	全区				全区	都		
	地図投影法（図法）										
農林水産	世界の農牧業	都	全		全			全		都	
	世界の植生と林業										
鉱工業	世界のエネルギー資源	全			都		都				都
	世界の工業							全			
各国地誌	人口						区				
	都市・交通					区				区	
	民族と国家										
	東アジア		全			都			全		
	東南アジア諸国									全	
	南アジア諸国			全							
	西アジア										
	アフリカ諸国		区			全					
	ヨーロッパ諸国	全									
	北アメリカ諸国										全
	南アメリカ諸国			都			全	都			区
	オセアニア										
	宗教						全				
日本地理	地形	全区								全	
	農業・産業			全					全		全

（全＝全国型，都＝東京都，区＝特別区）

最重要テーマは気候

思想 傾向と対策

出題数		
全国型	東京都	特別区
0問	0問	1問

出題範囲は高校までの学習内容
西洋思想と東洋思想のいずれか出題される

教養試験
No.17

どんな問題が出るの?　高校「公民」の倫理から出題されています。人間のあり方を探究した世界的に有名な哲学者とその思想内容が問われる科目です。

出題テーマの傾向は?　全国型では，西洋思想でも近代以降の出題が多い傾向が見られます。東京都では，ギリシア思想の出題が目立ちます。特別区では，幅広い分野からの思想が出題されています。

学習のポイント　深く掘り下げるよりも，代表的な思想家のキーワードを学習することが大切です。

重要度 1 大
難易度 2 難
出題範囲 3 広
学習効率 3 低
思考力 3 要

思想　過去10年間の出題テーマ

出題箇所	年度	26	27	28	29	30	元	2	3	4	5
西洋の源流思想	プラトン以前	都									
	プラトンとアリストテレス	都									
	ヘレニズム・ローマ期の思想										
西洋の近代思想	大陸合理論				区						
	イギリス経験論				区						
	社会契約説				区						
	功利主義										
	ドイツ観念論										
西洋の現代思想	実存主義						区				
	プラグマティズム										
	現代思想			区							
	仏教										
	諸子百家					区					区
	古代インド								区		
日本の思想	鎌倉仏教各派										
	江戸時代の儒学各派			区						区	
	江戸時代の諸学派			区							
	近代の思想家	区	全								
	倫理							区			

（全＝全国型，都＝東京都，区＝特別区）

文学・芸術 傾向と対策

出題数

全国型	東京都	特別区
0 問	**1** 問	**0** 問

出題範囲は中学・高校までの学習内容
出題されやすいテーマがある

教養試験
No.18

PART II 教養・専門試験の攻略法

どんな問題が出るの？　　高校までに学習した文学史に関する知識が問われるのが文学です。さらに，中学・高校で学んだ美術史・音楽史の知識が問われるのが芸術です。

出題テーマの傾向は？　　全国型では，出題される割合が低い傾向にあります。東京都では，かつては芸術でも美術からの出題が多く，伝統芸能や映画に関する出題も見られました。特別区では，西洋美術の出題頻度が高くなっています。

学習のポイント　　芸術では，日本史と世界史で学ぶ芸術家も重要です。

文学・芸術　過去10年間の出題テーマ

出題箇所	年度	26	27	28	29	30	元	2	3	4	5
	日本の古典文学			都					都		
	日本の近代文学						都				
	日本の戦後文学										
世界の文学	写実主義・自然主義文学					都 区					
	中国文学										
美術	世界の絵画・彫刻				都					都	
	日本の絵画・彫刻										
音楽	古典派音楽										
	現代音楽										
	日本の伝統芸能			全							
	日本の文化		都					都			都

（全＝全国型，都＝東京都，区＝特別区）

数学 傾向と対策

高校での数学Ⅰ・Aの内容を中心に発展型まで応用力をつける学習が必要

教養試験
No.19

どんな問題が出るの?

高校の数学Ⅰ・Aの範囲にとどまらず,行列や微分・積分といったテーマも出題されることがあります。三角関数・確率からの出題がほとんどないのも特徴といえます。

問題の形式の特徴は?

与えられた問題を解いてから選択肢を選ぶタイプのものが多くなっていますが,なかには選択肢から代入することで正誤を判別できるものもあります。また,空欄補充の形式が数年おきに出題されています。

出題テーマの傾向は?

全国型では,同じテーマが続けて出題される傾向にあります。近年では関数を中心とした問題が続いています。

特別区では,27年度には出題がなくなりました。

学習のポイント

各テーマの例題レベルの学習では対応は難しくなっています。式の計算の複雑なものや,方程式の応用問題など,深い学習をしておく必要があります。関数についても,絶対値や合成関数など,応用力をつけておく必要があります。

ただ,出題数が1〜2問で,また,数的推理との関連性が少ないテーマが多いだけに,どこまで深く対策をするかはよく考える必要があります。

重要度 1 大
難易度 3 難
出題範囲 3 広
学習効率 3 低
思考力 3 要

数学　過去10年間の出題テーマ

出題箇所　　　　　年度	26	27	28	29	30	元	2	3	4	5
式の計算										
整数問題										
循環小数							全			
2次方程式		全								
剰余定理・因数定理										
2次関数の最大・最小	全			全	全	全			全	
2次不等式										
いろいろな関数								全		
合成関数										
絶対値の付いた関数										
集合										
Σ（シグマ）の記号										
関数のグラフ			全	全						
図形と座標			全							全
三角関数										
微分										
積分										
確率・統計										

（全＝全国型，区＝特別区）

物理 傾向と対策

出題数		
全国型	東京都	特別区
1問	1問	2問

教養試験
No.20

高校の物理の内容とほぼ同様
力学，波動，電気と偏らずに出題される

どんな問題が出るの?

　出題範囲は高校で学習する物理と重なります。問題のパターンが比較的少ないので，ポイントをしっかり理解しておくと対応できます。

　計算を必要とする問題が多く，公式を利用して解くことになります。性質や法則について正誤を判断する問題もあり，その場合は計算せずに答えられます。

出題テーマの傾向は?

　全国型では，力学からの出題は流体（浮力）が多くなっています。力学でない年度には，電気回路からの出題が多かったのですが，最近は波動から出題されるようになり，予想がつきにくくなりました。

　東京都では，力学，波動，電気からさまざまなものが出題されています。

　特別区では，2～3問の出題があり，幅広いテーマから出題されているので，学習するテーマを絞ることも難しくなっています。

学習のポイント

　全国型では，テーマを絞った学習で対応できると思われますが，力学の範囲は内容的にも広いので，公式を覚えて演習をすることを繰り返して身につけていくとよいでしょう。東京都・特別区では，広範囲から不規則に出題されていることから，テーマの絞り込みは難しいうえ，計算問題も多いので広範囲に，かつかなりの力をつけておく必要があります。

重要度 1 大
難易度 3 難
出題範囲 3 広
学習効率 3 低
思考力 3 要

物理　過去10年間の出題テーマ

出題箇所		26	27	28	29	30	元	2	3	4	5
力のつりあい	力のつりあい					全	全区	都	区	全	
	弾性力・摩擦力・万有引力	全									
	剛体のつりあい										
物体の運動	速度と加速度		区								
	運動の法則			全都	区						
	加速度運動			全都区							都区
運動量と力学的エネルギー	運動量保存の法則										
	力学的エネルギー	区			区			全			
流体・熱	流体										
	熱	都				区			都	都	
	気体の分子運動										
波動	波の種類				都						
	波の要素										
	波特有の現象	区	全		都					区	
	音波						全	区			
	光波										全
	レンズによる結像										
静電気	帯電現象										
	電界と電位										
	抵抗の接続										
電気回路と磁界	直流						都	区			
	直流回路		区	全区		区		区			
	電流の熱作用										
	電流と磁界	都区		区	都				全区	区	区
	交流				都						
物理 原子	放射線						都				

力学が出題の中心

(全＝全国型, 都＝東京都, 区＝特別区)

化学 傾向と対策

高校の化学の内容とほぼ同じ 基礎化学と無機化学からの出題が多い

教養試験
No.21~22

どんな問題が出るの?

出題範囲は高校で学習する化学と重なります。幅広く出題されていて，テーマを絞って学習することは難しいでしょう。元素記号や化学反応式を理解していないと解けない問題も多くなっています。

学習のポイント

元素記号，化学式，化学反応式を理解することが必要です。また，物質量についても外せません。無機化学は意外と学習しやすいテーマなので，ねらい目です。

出題テーマの傾向は?

全国型では，基礎化学から1問，無機化学もしくは有機化学から1問の出題といったパターンで，なかでも基礎化学は化学反応，熱化学といったテーマからの出題が多くなっています。

東京都では，16年度から出題数が1問となっていて，同じテーマが続くことはありません。

特別区では，2～3問の出題があり，広く全範囲から出題されています。また，計算を必要とする問題が2問出る年度が多くなっています。基礎化学を中心に，化学式，化学反応式，基本公式や性質とただ単に覚えているだけでは解けない問題が多いのです。

重要度 **2** 大
難易度 **2** 難
出題範囲 **4** 広
学習効率 **1** 低
思考力 **2** 要

化学　過去10年間の出題テーマ

出題箇所		年度 26	27	28	29	30	元	2	3	4	5
物質の構成と化学結合	物質の分類, 化学者, 法則					全都	全都区		全区	全都区	都区
	物質の精製法					全	区				
	原子の構造					区					
	化学結合・分子間力	区									
	化学量				全						
物質の三態	物質の状態変化	全			都			全都区	都	区	
	気体の性質				全都区	区		全			
	溶液の性質				区		全	区	全		
熱化学・化学平衡	化学反応	全	区	全都	全				全		区
	反応熱と熱化学方程式				都						
	化学平衡										
酸と塩基の反応	酸と塩基										
	水とイオン積とpH										
	中和反応	都									
	塩とその性質										
酸化還元反応	酸化還元反応										
	金属のイオン化傾向										
電池・電気分解	電池			区							全
	電気分解										
周期表と元素の性質	典型元素と遷移元素										
	金属元素	区	都	全区							
	非金属元素										
無機化合物	気体の製法と検出法				区						
	主な無機化合物の性質	区									
	無機化学工業										
有機化合物	有機化合物の性質		全区								
	有機反応										
高分子化合物	高分子化合物の種類										全
	タンパク質, 糖類								区		
生活化学関連	環境汚染物質										
	身の回りの素材		全								

全国型の頻出テーマ

最近出題が増えている

（全＝全国型, 都＝東京都, 区＝特別区）

PART II 教養・専門試験の攻略法

生物 傾向と対策

高校の生物の内容とほぼ同じ 広い範囲からの出題がある

教養試験
No.23〜24

どんな問題が出るの?

高校で学習する生物とほぼ共通の範囲です。範囲が広く,覚える用語が多いのですが,テーマを絞って学習することが可能な科目なので,覚えた量だけ得点が期待できます。試験によっては傾向が明確なものもあるので押さえたいところです。

学習のポイント

覚える量が多いので頻出テーマを中心に進めていくことが重要です。用語とその意味,機能,現象などを覚えていくにつれて,問題も解けるようになります。

出題テーマの傾向は?

全国型では,同化・異化(呼吸・光合成)の出題が最も多くなっています。また,遺伝と進化に関する問題が,数年おきに出題されています。あまり出題のないのが,動物の発生,体液と恒常性(血液など),刺激・神経系や個体群といったテーマです。

東京都では,ホルモン,刺激,細胞からの出題が多くなっています。遺伝や同化,異化からは少なく,発生,体液と恒常性,個体群からの出題はほとんどありません。

特別区では,発生・分裂,生物の集団,個体群からの出題が多くなっています。傾向がはっきりしているといえます。

重要度 **2** 大
難易度 **2** 難
思考力 **2** 要
学習効率 **1** 低
出題範囲 **4** 広

生物　過去10年間の出題テーマ

出題箇所		年度 26	27	28	29	30	元	2	3	4	5
細胞	細胞のつくりと働き						全区			区	全
	細胞をつくる物質			全		区					
	原核生物と真核生物		区								
	細胞分裂								全		
	生殖					区					
	発生								区		
	動物, 植物の組織と器官							全			
遺伝と進化	遺伝の法則	都				都					
	進化の事実と要因										
	生命の起源と進化の歴史		全								
	DNA					区		区			
同化・異化	呼吸とその仕組み							全	全		
	炭酸同化					全					
	窒素同化と植物の栄養					全					
	動物の栄養と消化, 酵素						都				都
体液と恒常性	体液と内部環境					全				全都	
	血液の成分			区				全			
	免疫						全				全
個体と調節	自律神経と調節			全							
	ホルモンと調節	区		全	区				区	区	
	肝臓・腎臓の働き	全			都						
	植物の調節								都		
刺激と動物の行動	刺激の受容と感覚		全区					区			
	脳・神経系		全都								区
	筋肉			都							
生物の集団	環境と生物									全	
	個体群の相互作用										区
	植物群落の遷移と分布			区							
	生態系の働きと平衡	全区				全		区			
	生物の分類								都		
保健・医療・衛生											

（全＝全国型，　都＝東京都，　区＝特別区）

教養試験

地学 傾向と対策

出題数		
全国型	東京都	特別区
1問	**1**問	**2**問

高校の地学の内容とほぼ同じ 天文と地震が要注意

教養試験
No.25

どんな問題が出るの?

高校で学習する地学と同じ範囲から出題されます。しかし，高校で地学を選択した人は少ないので，中学の理科以来の学習となるでしょう。身の回りの現象が多くあるので興味を持つと効果的になります。また出題内容は時事的な話題との関連も見られます。

出題テーマの傾向は?

全国型では，天文で注目されるのが地球の自転と公転に関する問題で，それ以外の宇宙に関してはあまり出題されていません。また，地震，地球の構造に関する問題もやはりよく出題されています。気象についても周期的に出題されるので要注意。

特別区では，天文で，惑星，恒星についての出題があり，地球の自転，公転も含めてまんべんなく出題されています。地震，地殻に関する出題は多くなっています。気象に関してはほとんど出ていません。

学習のポイント

公務員試験の対策として初めて地学の学

習をする人が多いので，効率のよい方法をと思うはず。まずは，傾向をつかみ，頻出テーマから始めよう。用語を覚えて，問題をやってみる（解説をよく理解する）とよい。地球の異変，温暖化，地震など今や時事問題となっている内容もあるので，興味を持ってみるとおもしろい。しかし，出題数は少ないのであまり凝りすぎることのないようにしよう。

重要度 **1** 大

難易度 **2** 難

出題範囲 **4** 広

学習効率 **1** 低

思考力 **2** 要

地学　過去10年間の出題テーマ

出題箇所		26	27	28	29	30	元	2	3	4	5
天文	地球の自転に伴う現象										
	地球の公転に伴う現象				都						
	太陽系の構成							区			区
	太陽	区	都		区	区				全区	全
	惑星の特徴		全区	区			全	区	全		
	宇宙の構造								都		
	恒星	都区								都	
気象	太陽放射と大気の熱収支										
	大気の運動			全			都	全区		都	区
	海水とその運動				区				区		
地球の構造と歴史	地球の内部構造		区					区	全		
	火成岩			区			都				
	堆積岩										
	地震	全区									
	プレート・テクトニクス	区									
	火山				全	区		都			都
	地層や岩石の新旧関係									区	
	地球の歴史			都							
	生物の変遷										

（全＝全国型，都＝東京都，区＝特別区）

教養試験

文章理解 傾向と対策

出題数

全国型	東京都	特別区
8問	**8**問	**9**問

現代文・英文・古文の長文読解
解答時間を短縮できるかがポイント

教養試験 No.26～34

どんな問題が出るの?　現代文・英文・古文について長文を題材にした問題です。出題される文章は論理的なものが中心で，文学作品はあまり出題されません。

出題テーマの傾向は?　全国型では，ほとんどが内容把握です。東京都や特別区では，古文は出題されていません。空欄補充や文章整序が毎年出題されています。

学習ポイント　現代文は，素早く解答する解法を身につけることが重要です。英文や古文は読解力をつけるには時間がかかりますが，問題演習を重ねましょう。

重要度 4 大
難易度 4 難
出題範囲 3 広
学習効率 3 低
思考力 5 要

文章理解　過去10年間の出題テーマ

出題箇所	年度	26	27	28	29	30	元	2	3	4	5
現代文	要旨把握（人文科学分野）	全全区区	全全区	全区区	全区	全区	区区区全	区区区	区区区全	全	都都全区区全
	要旨把握（社会科学分野）	区	全都区	全	全区区	全区全全	区		全	全全	全
	要旨把握（自然科学分野）	全	都	全			全				
	内容把握（人文科学分野）	都都		都都	都都	都都	都都	都都	都都	都	全都都
	内容把握（社会科学分野）										
	空欄補充	都区	都区	都区	都区	都区	都区	全都区	都都区	都	都全区
	文章整序	都区	都区	都区	都区	都区	都区				都区
英文	要旨把握（社会科学分野）	全		全	全	全	全	全全	全全都	全全全	
	内容把握（人文科学分野）	全全都都区	全全区	全全都都区	全全都都区	都都区全全	都都区	全区区	全区	区区全都都都	都都区全全区
	内容把握（社会科学分野）	全都			都都		都	都	全都	全全区	全都
	内容把握（自然科学分野）	全	全	全	全区	全区	全	全	全	全	都全全区
	空欄補充	区	都都都区	区	区		区	区			区
	適語選択					都					
	文章整序		区					区	区	区	区
	文法・慣用句・ことわざ	区		区		区	全区		区		区
古文解釈		全	全	全	全						
漢文解釈											

（全＝全国型，都＝東京都，区＝特別区）

教養試験

資料解釈 傾向と対策

出題数		
全国型	東京都	特別区
1問	**4**問	**4**問

教養試験
No.50

数表や図表からデータを読み取る
計算力よりも資料の見方を身につけることが重要

どんな問題が出るの? 　数字の入った数表や，棒グラフ，折れ線グラフなどの資料が示され，その資料を正しく読み取れるかが問われます。

出題テーマの傾向は? 　全国型では，グラフ（図表）の出題がほとんどを占めています。東京都や特別区では，出題数が多いこともあって，数表と図表の両方が出題されますが，図表のほうが多くなっています。

学習ポイント 　数字が示されてその正誤を問われるのですが，むやみに計算することが必要なわけではありません。選択肢をよく読むと，示された資料からは断定できないようなことも含まれています。その選択肢について計算をする必要はないのです。問題を解きながら，こうした資料の読み方を身につけることが重要です。

重要度 2 大
難易度 3 難
出題範囲 2 広
学習効率 1 低
思考力 3 要

資料解釈　過去10年間の出題テーマ

出題箇所	年度	26	27	28	29	30	元	2	3	4	5
数表	実数・割合	区	区	区	区			区区	区区	区	区
	指数・構成比	全				区		区	区		
	伸び率（増加率）	区		区					全	区	区
図表	実数・割合	全都区	都区	全都区	全都区	都		都都区	都都区	都区	都都区全
	指数・構成比	都区	都区	都区	都区	都区	都都区区	都区	都都区	都	都区
	伸び率（増加率）	都	全都		全都	全都都区区	全区		全区都都		都
特殊な数表・図表	三角図表										
	相関関係（散布図）										
	度数分布										
	フロー図										
	ボックス-ウィスカー図										
	複数の数表・図表	都	都	都	都						

（**全**＝全国型，**都**＝東京都，**区**＝特別区）

判断推理 傾向と対策

論理的な解釈力が求められる基本的な解法の理解・習得が重要

教養試験
No.35〜44

どんな問題が出るの?

算数・数学的な内容というよりも，最近流行の「脳トレ」にもとり入れられているような，クイズ・パズル的な要素が濃厚です。

難易度は決して高くはありませんが，算数や数学でほとんど学習しないような内容を扱うこともあって，その意味では公務員試験独自の問題といってよいでしょう。

大別すると，

①文章によって示される条件に関して推測・確定する問題（言語分野）

②図形的な問題に関して推測・確定する問題（非言語分野）

の２つがあり，それぞれ①＝判断推理，②＝空間把握と呼ばれることがあります。

気をつけておきたい出題テーマ

言語分野：①集合と論理，②対応関係，③数量条件，④位置と方位，については頻出です。典型的な問題を確実に解けるようにしましょう。

非言語分野：①平面図形の分割と構成，②軌跡，③正多面体と展開図，④積み木，の範囲がよく出題されています。特に積み木の問題では，「分割法」という特殊な解法が有効です。

学習のポイント

算数・数学が苦手であっても，判断推理が苦手な科目になるとは限りません。むしろ初めて学習する科目であるという意識を持つことで，得意科目にすることが可能でもあります。

なお，「正の選択肢を選ぶ」とともに「消去法で正解の選択肢を決定する」ことや，「選択肢の内容を条件の一部として扱い，矛盾しないものを正答とする」などの特殊な解法もしばしば見られます。

重要度 5 大
難易度 3 難
思考力 4 要
学習効率 2 低
出題範囲 3 広

判断推理　過去10年間の出題テーマ

出題箇所	年度	26	27	28	29	30	元	2	3	4	5
	推論, 集合の要素	全	全	全都	全都区	全都		全	全都区	全全	都 全区
	うそつき問題, 発言からの推理			区	区	区	全都	区		区	
規則性	暗号	区	区	区	区		区	区	区	区	区
	対応関係	全都	全都	全全区	全	全	全都都区区	全区	全全区	全全区	都全区
	試合形式	全区		都区	区	全区	全区	全区	区	区	区
	数量条件からの推理	区	全都	全	全区	区		全	全	都区	
	順序関係	都	全	全	全都	全都	全	区	全都	全都	
	操作・手順	全	区区		全区	全区	全区	都			全
方位・位置	配置	区	全都			区区		全区	区		全区
	席順										
	方位		都区	区		都				区	
平面図形	図形の数え上げ・回転	都		都		全都		都	全都区	都区	全
	図形の分割と構成	都区	全	全都	全都区	全区		都	都区	都全	
	折り紙	都			区	都	都			区	
	位相と経路		都区	区		都区	全都都		全	全	全区
	軌跡	全区	都区	全都区	全都区	都	全区		全都区	全都区	都全
	立体図形	全都区	全都		全区	全全	全区		都	都	全区
	正多面体		全			都		都	全	区	
	展開図	全都区	都	全区	全		全区区	全都	区		都全区
	サイコロ			都	区					都	
	積み木				都						
	投影図		都区	都				全		全区	
	立体の切断		都	全都区		区	都				区

（全国型ではほぼ毎年出る）

（東京都・特別区では必ず出る）

（全＝全国型, 都＝東京都, 区＝特別区）

PART II

教養・専門試験の攻略法

数的推理 傾向と対策

出題数		
全国型	東京都	特別区
6問	5問	5問

問題の内容を素早く理解し，適切な解法を見つけて解く複雑な計算などをより確実に処理する能力が重要

教養試験
No.45～49

どんな問題が出るの?

小学校の算数，中学・高校の数学で学習した内容とほぼ同じです。

難易度は決して高くはありませんが，1問にかけられる時間が非常に短い（だいたい3〜5分）ので，短い時間で解答する姿勢が求められます。

図形の問題も出題されますが，判断推理とは異なり，数的推理では求積（長さ・角度，面積，体積などを計算して求める）問題がほとんどになっています。

気をつけておきたい出題テーマ

①整数問題，②速さ，③平面図形，④場合の数と確率，については頻出です。典型的な問題を確実に解けるようにしましょう。

学習のポイント

算数・数学が苦手な受験生ほど，数学＝方程式という意識が強く，解答不能のスパイラルに陥ることが多くなっています。

数的推理は数学ではない，という意識を強く持ち，「その問題に適した解法」が必ずしも方程式で解くことではないことを理解しましょう。

そして，基礎練習→問題演習（過去問演習）→欠点の修正，という流れを確立させましょう。ドンドン過去問を解いていくことで，勘所に実際に触れていくという姿勢が大切です。

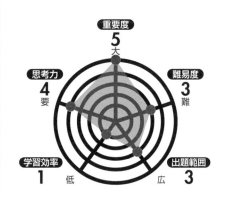

重要度 5 大
思考力 4 要
難易度 3 難
学習効率 1 低
出題範囲 3 広

数的推理　過去10年間の出題テーマ

出題箇所		26	27	28	29	30	元	2	3	4	5
方程式	方程式	都		全都		全都区区		全	全	都	都
	関数と座標平面										
	年齢算						全				
	時計算			全				全			
	不等式						区			全区	全
整数	約数・倍数	全都区	都区	全区	都区			区	都区	全	
	整数問題	全	全	都区	全都	全都	全都都	全全	都区	全区	区
	覆面算・虫食い算		全					全			全
	魔方陣		区	全					都	全	
	n進法	都				都					都
	比・割合	全全						区	全区	全	都全区
	濃度			全区			全			都	全
	定価と原価の関係		全	全		都	都				
	仕事算		全	区	都	区		区	全	全区	
	速さ・時間・距離	区区	全区	全区	全区	全区	全区	都区	全区	全区	全区
	数列		都	都						都	
平面図形	三角形	全	都区	区	区		都区	都区	都区	区	都都区
	多角形	区		都		都		全都			
	円	都	全区	区	区				都	都	
空間図形	多面体と球						全			全	
	円すい・三角すい				全	全					
	立体の体積・容積		全				全	全	全		
	場合の数	区		全	全	全	全区	全	全都		
	確率	都都	都都区	都	都区	全都	全区	全都	全都区	都	都都区全

最重要テーマ

東京都では毎年出る

（全＝全国型，都＝東京都，区＝特別区）

専門試験では
どこが
大事なの?

事務系では，出題数の多い憲法・行政法・民法・経済原論を中心に!

□ 各科目の出題数

各科目の出題数は表のとおりです。

おおむね，行政系科目が 9 〜15問，法律系科目が17〜24問，経済系科目が12〜19問となっており，法律系の科目のウェートが高くなっています。

法律専門タイプは40問中35問が法律系科目からの出題で，残る 5 問は経済原論などが出題されます。

経済専門タイプは40問中35問が経済系科目からの出題で，残りの 5 問は憲法と民法が出題されています。

出題タイプによっては，独自の科目が出題されます。

専門試験の科目別出題数

科　目	全国型	関東型	中部・北陸型	特別区	法律専門タイプ	経済専門タイプ
政 治 学	2	2	2	5	0	0
行 政 学	2	2	2	5	0	0
社 会 政 策	3	3	2	0	0	0
社 会 学	0	0	2	5	0	0
国 際 関 係	2	3	2	0	0	0
憲　　法	4	4	5	5	5	2
行 政 法	5	5	8	5	12	0
民　　法	4	6	7	10	12	3
刑　　法	2	2	2	0	3	0
労 働 法	2	2	2	0	3	0
経 済 原 論	9	12	8	10	4	18
財 政 学	3	4	3	5	0	5
経 済 史	0	1	0	0	0	2
経 済 政 策	0	2	2	0	0	4
経 済 事 情	0	0	3	0	1	4
経 営 学	2	2	0	5	0	2
統 計 学	0	0	0	0	0	2
合　計	40	40/50	40/50	40/55	40	40

＊合計欄の見方：40/50＝出題数50問中40問選択解答。

□合格ライン達成のために

　法律系科目は，公務員の仕事が法律に基づいて行われることから，基礎的な素養として重視されています。しかし，一口に**法律系科目といってもそれぞれの科目の性格はずいぶん違うので，まずは科目の概要を把握して，ポイントを押さえながら学習を進めることが大切です。**刑法などは，多くても2問しか出ないのに範囲は広く難解なので，むやみに深入りすると危険です。

　経済系科目は，法律系科目の次にウエートが高く，経済原論だけでも10問近い出題数です。**経済系科目は，それぞれの科目の学習内容が重なっているので，**経済原論で学んだことが財政学や，教養試験の経済として出題されたりもします。経済系科目では数式を使う問題も多いので苦手意識を持っている受験生も多いですが，一度理解してしまえばかなり応用が利くので，ここを得点源にしたいところです。

　行政系科目は，一定の基礎知識が繰り返し出題されやすいうえに，どのテーマから学習を始めても不都合がないので，**出題傾向をしっかりと押さえて，重要なテーマや学びやすいテーマから学習するとよいでしょう。**なお，社会政策や国際関係では時事的な事柄が問われることもあるので，その対策も忘れないようにしましょう。

　事務系であれば，**出題数の多い憲法，行政法，民法，経済原論を中心に学習を進めましょう。**これらの科目は，ササッと暗記すれば解けるようになるというものではないので，じっくりと計画的に学習計画を練りたいところです。

　なお，将来の進路として公務員を考えている大学1年次や2年次の人は，受験を希望する公務員試験の出題科目も考慮して，履修する科目を決めるとよいでしょう。

□各科目の傾向と対策について

　次ページから，専門試験の各科目について，問題の形式，出題される内容，学習のポイントなどをまとめています。過去に出題された問題の内容については「過去10年間の出題テーマ」として一覧表にまとめました。

①**取り上げる試験は，全国型と特別区です。**それぞれを右のように記号で表します。

②**記号1つについて1問の出題があったことを示します**が，1つの問題で複数のテーマにまたがっている内容の場合は，複数の該当箇所に記号を配置しています。

　なお，年度・試験によっては情報が十分になく，どのような内容だったか判明していない問題もあります。

試験名と記号の凡例

試験	記号
全国型	全
特別区	区

政治学 傾向と対策

出題数	
全国型	特別区
2問	**5**問

高校で学習する内容は確実に押さえよう
政治理論や政治思想は公務員試験ならでは

専門試験
No.1〜2

どんな問題が出るの?

高校の「現代社会」「政治・経済」とは，政治機構，日本政治史が重複します。ほかに，選挙や政党なども一部重複します。政治理論や政治思想は，公務員試験ならではの出題範囲で，頻出のテーマです。

問題の形式の特徴は?

政治思想や政治理論の学説の出題では，1人の思想家の考えを5つの選択肢すべてで問うものと，1つのテーマについて複数の思想家の考えの違いを問うという2つのパターンがあります。

出題テーマの傾向は?

全国型では，2問の出題でありながら，選択肢の中に複数のテーマが含まれることが多いので，幅広い出題となるのが特徴です。ただし，2年連続で同じテーマが出題されることもあります。

特別区では，政治権力とデモクラシー論が頻出のテーマとなっています。これまでに国際政治が出題されたことはありません。

学習のポイント

高校の内容と重複する日本や諸外国の政治機構，選挙制度などは，必ず正答できるよう，先に学習して押さえることが大切です。

重複しない政治理論や政治思想は，まず思想家を中心に学習し，考え方を先に理解しよう。そのうえで，他の思想家との考え方の違いを見ていくことが必要です。最初から違い重視で押さえてしまうと，難しいし，応用がきかなくなってしまいます。

重要度 **3** 大
難易度 **3** 難
出題範囲 **3** 広
学習効率 **2** 低
思考力 **3** 要

政治学　過去10年間の出題テーマ

出題箇所		年度 26	27	28	29	30	元	2	3	4	5
基本概念	政治権力	全区		区		区			区	区	
	国家				区						
政治機構	政府の諸形態・議会	全区	全区	区	全	区				全	区
	地方分権										
政治過程	選挙・投票行動	全	区区		区		全区区	区	区		
	政党	全区		全		区		全			区全
	圧力団体										
	マスコミ・世論			全区		全				区	
	リーダーシップ			区	区			区			
	政治意識・政治的無関心				区						
	イデオロギー						区				
	大衆社会										
	日本の政治過程・施策								区	全	
政治思想	古代と中世の政治思想								区		
	近代の政治思想	区	全区		区	区		区			全区
	現代の政治理論			区		区	全区	全区	区	区区	区区
	デモクラシー論	区	区		全		区				
政治史											
各国の政治状況							全	全	区	区	

最頻出のテーマ

(全＝全国型，区＝特別区)

行政学 傾向と対策

出題数	
全国型	特別区
2問	**5**問

日本の行政も多く出題され，取り組みやすい 過去問に集中的に取り組むことがポイント

専門試験
No.3～4

どんな問題が出るの?

行政学は，アメリカで生まれたアメリカ行政学や行政管理とともに，戦後日本の行政改革や地方自治を内容とします。高校の学習範囲と重複するのは，日本の地方自治の一部に限られます。

出題テーマの傾向は?

全国型では，出題の範囲が幅広く，同じテーマの問題が連続することはあまりありません。現代国家と行政機構の出題が，他の試験と比べて少ないのが特徴です。日本の地方自治と行政学の理論の組合せの問題が比較的多くなっています。

特別区では，しばらくアメリカ行政学の出題が目立ちましたが，近年は官僚制や公務員制度が頻出のテーマとなっています。地方自治の問題は，他の試験と比べると少なくなっています。

学習のポイント

高校の科目との重複は少ないので，なじみがないでしょうが，対象の範囲がそれほど広くなく，学習に取り組みやすい科目でしょう。どこを出題されても，高い確率で正答することも夢ではありません。

地方上級試験だけでなく，他の試験も含めて，過去問を学習したうえで，テキストの確認を繰り返せば，出題の傾向を読み取れるようになります。

重要度 3 大
難易度 3 難
出題範囲 3 広
学習効率 3 低
思考力 3 要

行政学　過去10年間の出題テーマ

出題箇所		26	27	28	29	30	元	2	3	4	5
現代国家	現代国家			区		区					
	官房学・シュタイン行政学	区					区			区	区
	アメリカ行政学		区		区		区	区	区		区
行政管理	能率性と有効性										区
	官僚制			区	区			全	区		区
	組織理論		区	全		区区					
	公務員制度			区							区
政策過程	政策過程						区	区	全区		
	稟議制										
	予算・会計									区	
	計画・統計		全				区				
	行政活動							区			
行政機構	日本の行政組織	全区		区	全	区		区	区		
	行政改革	区区	全		区	全				全	
	行政委員会と審議会									区	全
行政責任	行政責任		区			区				区	
	行政統制	区	区		区		全区				
地方自治	地方自治論									区	
	日本の地方自治	全	全区	全区	全区	全	全	全区	全区	全	全

特別区の重要テーマ

全国型では出題が多い

(全=全国型，区=特別区)

憲法 傾向と対策

出題数	
全国型	特別区
4問	**5**問

専門試験
No.5～8

最初に着手するにふさわしい科目
得意科目とする人が多いが,逆に不得意のままだと危険

どんな問題が出るの?

憲法は,高校までに学習する機会も多く,また,ニュースなどで接する機会もあるので,専門科目の中でも比較的なじみのある科目といえます。このため,最初に着手するのにふさわしい科目であるといえるでしょう。

試験科目としての憲法は,学習範囲が他の法律科目と比較してもそれほど広くないため,短時間で得意科目に仕上げることが可能です。

また,憲法は,教養試験の政治の分野でも1～2問出題されますし,専門記述式試験が課される場合には,憲法が出題科目に含まれることが多いので,これらの対策としても,高いレベルでの完成度が求められます。

出題テーマの傾向は?

全国型・特別区ともに,基本的人権では,表現の自由,人身の自由・法定手続きの保障,経済的自由権の3つは,最も出題頻度の高いテーマです。

国会・内閣・裁判所のうち,国会に関するテーマは,全国型か特別区のどちらかで必ず出題されています。司法権の限界も,

要注意のテーマです。

憲法の基本原則の分野では,地方自治の原則と財政に関する基本原則がともにいつ出題されてもおかしくないテーマです。

学習のポイント

まずは,具体的なイメージを持ちやすい部分から学習を始めるのがよいでしょう。たとえば,基本的人権の分野では最初に個別の人権規定について,統治機構の分野では最初に国会・内閣・裁判所のそれぞれの機関の性質や構成や権能などについてのイメージをつかむとよいでしょう。

重要度 **4** 大
難易度 **3** 難
出題範囲 **3** 広
学習効率 **2** 低
思考力 **3** 要

憲法　過去10年間の出題テーマ

出題箇所		年度	26	27	28	29	30	元	2	3	4	5
基本的人権		基本権保障の一般原則			全	区				全		
		幸福追求権（13条）		全							全	区
		法の下の平等	区			区	区					全
		精神的自由										
		思想・良心の自由	全		全			区	全			
		表現の自由		全	区		全		区		全	
		信教の自由・政教分離	全			区				全		
		学問の自由と大学の自治										
		集会・結社の自由						全				
		人身の自由，法定手続きの保障	区			全		区				区
		経済的自由			区	全	区			全区	区	
		社会権						区				全
		生存権		区				全			区	
		環境権										
		教育を受ける権利							全	区		
		勤労権										
		労働基本権	区				全		区			
		受益権										
		参政権	全									
国会・内閣・裁判所		国会議員の特権						全区		区		区
		国会の活動	区	区	区	区	区		全		全	
		国会の権能と議院の権能		全	区	区					全	区
		衆議院の優越		全			全		全			
		行政権と内閣			全					全		
		内閣	区	全区	区	全	区				区	全
		司法権と裁判所	全区			全区	全区				区	区
		司法権の独立				区		区		全		
		違憲審査制	区					区				全
憲法の基本原則		日本国憲法の特質	全		区			全	区			
		地方自治・条例		区		区				区	区	
		財政・租税に関する基本原則		区	全			区	全	区		

（全＝全国型，区＝特別区）

最重要な3テーマ

87

行政法 傾向と対策

身近な法律分野ではないためイメージを持ちにくい
頻出テーマをマスターすれば安定的な得点源となる

どんな問題が出るの?

憲法や民法のように，行政法という科目名に対応した法典は存在しません。数多くの行政に関する法律を総称したのが行政法です。もっとも，出題される法律は限られています。

行政法は，行政組織法，行政作用法，行政救済法の3つの分野に大別されます。行政組織法からの出題は，各試験で1問出題されるかどうかといった程度です。それ以外は，行政作用法と行政救済法からほぼ均等に出題されるのが通常です。

行政法は，学習を始めてしばらくはイメージを持ちにくいためか，苦手意識を感じる人が多いようです。しかし，行政法の全体構造をつかみ，過去問の学習を進めていけば，同じ知識が何度も繰り返し出題されていることがわかるようになり，得意科目の一つになることが期待できます。

出題テーマの傾向は?

全国型・特別区ともに，行政作用法の分野では，行政行為に関するテーマは，毎年必ずどこかで出題されています。また，行政上の強制執行は出題頻度の高いテーマです。行政救済法の分野からは，国家賠償法

が頻出のテーマとなっています。

全国型では，行政組織法の分野のうち，地方自治制度と地方公共団体の事務に出題が集中しています。

学習のポイント

まずは行政法の全体構造をつかみ，その後は過去問を学習の中心に据えるとよいでしょう。

重要度 5 大
難易度 4 難
出題範囲 4 広
学習効率 2 低
思考力 4 要

行政法　過去10年間の出題テーマ

出題箇所	年度	26	27	28	29	30	元	2	3	4	5
序論 行政法	行政法の法源	区							区	区	
	行政上の法律関係（公法と私法）										
行政組織法	権限の委任と代理										
	国と地方の関係，条例	全				全					
	地方公共団体の事務					全	全	全		全	全
	住民の権利		全							区	
	公務員の権利・義務，身分保障										
	公物										
行政作用法	行政手続法		全	全区	全区	全	区	全区		全	
	情報公開法・個人情報保護法	区		全				区		全	区
	行政計画			全区							区
	行政立法		区						区		全
	行政行為										
	行政行為の内容・種別					区		区			
	行政行為の附款			区			区		全	区	
	行政行為の効力	全	区			区					区
	行政行為と裁量		全		区						
	行政行為の瑕疵				全区		区				
	行政行為の取消しと撤回	区					全		区		
	行政上の義務履行確保手段							全区		全	
	行政上の強制執行	全	区			全					
	行政上の即時執行										
	行政罰					区					全
	行政契約								全区		
行政救済法	損失補償		区		区		区		区		
	国家賠償法	全区					区		区	全	
	1条	全		全区		全			全	全	区
	2条	全	全		全	全				区	全
	行政上の不服申立て	区			区			全			区
	行政不服申立てと行政事件訴訟									全	
	行政事件訴訟の種別	全	全	区				区		区	全
	抗告訴訟	全						全			
	取消訴訟の対象・訴訟要件				全	区			全区		
	取消訴訟の訴えの利益						全				
	取消訴訟の被告適格										
	取消訴訟の出訴期間・審理										
	仮の救済（執行停止）		区								
	取消訴訟の判決の効力										

（全＝全国型，区＝特別区）

全国型で多い

出題が増えている

民法 傾向と対策

出題数	
全国型	特別区
4 問	**10** 問

日常生活との接点が多く，興味を持ちやすい 範囲が広く難解なため苦手とする人が多い

専門試験
No.14〜17

どんな問題が出るの?

　民法は，市民社会における財産関係と家族関係を規律する法律で，総則・物権法・債権法・親族法・相続法の分野に分けられます。親族と相続を合わせて家族法と呼ぶ場合もあります。

　試験科目としての民法は，条文の数も判例の数も多く，また，内容も細かく論理的に難しい分野も多いことから，習得するには時間がかかるという特徴があります。しかし，出題数が多いため，民法で得点できるようにしなければ合格は難しくなります。このため，民法は，法律科目の中で最も悩ましい科目であるといえるでしょう。

出題テーマの傾向は?

　全国型・特別区ともに，総則の分野では，権利能力・行為能力，意思表示，代理の３つが最頻出のテーマです。物権法の分野のうち，担保物権は毎年どこかの試験で出題されるテーマです。

　全国型では，債権法の分野のうち，同時履行の抗弁権・危険負担と賃貸借契約が数年おきに出題されています。

　特別区では，総則の法人のテーマが数年おきに出題される点が指摘できます。また，親族・相続法の分野から，ほぼ毎年出題されています。

学習のポイント

　範囲が広く難解な民法においては，特に効率的な学習法が必要となります。まずは，具体的なイメージを持ちやすい，所有権，売買契約，不法行為などのテーマを先に学習するとよいでしょう。また，他の科目と同様に，頻出の過去問の知識を優先的に押さえていくべきです。

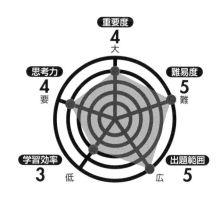

重要度 **4** 大
難易度 **5** 難
出題範囲 **5** 広
学習効率 **3** 低
思考力 **4** 要

民法　過去10年間の出題テーマ

出題箇所	年度	26	27	28	29	30	元	2	3	4	5
民法総則	権利能力・行為能力		区		全	区			全区		全
	失踪宣告	区					区				
	意思表示		全区	全		区		全	区	区	
	代理			区			区			全区	
	法人										区
	物	全									
	無効・取消し, 条件・期限・期間			区	区					全	
	時効	区				区		全	全区		区
物権法	物権総論		全					区			区
	占有		区				区		区	全	
	所有権	区区					全				区
	地上権			区				区	全区	区	
	物権変動と対抗要件			区				区			
	動産物権変動と即時取得				区		区				
	共有			全	区		区			区	
	担保物権の種類と効力	全区	区区		全区	全区	区	区	全区		
	抵当権	全		区		区				区	全区
債権法	債務不履行と損害賠償請求		区	全		全区			区		
	債権者代位権・詐害行為取消権				区				区		区
	弁済・相殺	全区	区	区			区	全区	区		区
	連帯債務・保証債務	区		区	区		区	区		区	
	債権譲渡・債務引受け				全			全		全区	
	契約総論		全								全
	契約各論　同時履行の抗弁権・危険負担										
	契約の解除			全区			区				
	賃貸借		全	区				区			
	贈与				全区	全	区				区
	請負		区				区				
	売買	全	区				全		区		全
	事務管理・不当利得	区					区	区	区	区	
	不法行為	区			区			全		区	
親族・相続法	婚姻・離婚			区				区	全		
	扶養										
	親子関係		区						区		区
	相続人と法定相続分				区			区	全		
	遺言	区					区			区	

定期的に出る

特別区では出題が多い

(全＝全国型，区＝特別区)

専門試験

刑法 傾向と対策

出題数	
全国型	特別区
2問	**0**問

ニュースやドラマで触れる機会が多い犯罪と刑罰を扱う
難解の部分が多く深入りしすぎると危険な科目

専門試験
No.18〜19

どんな問題が出るの?

　刑法は，犯罪を扱ったニュース，刑事ドラマや小説などで接する機会が多い科目ですので，他の科目と比べてなじみがある科目であるといえます。

　しかし，学問としての刑法は，範囲が広く，理論も極めて精密に組み立てられているため，他の科目と比べて難解な部分が多く，たとえば大学の法学部で扱う範囲をある程度理解しようとするには，相当の時間を要することになるのが通常でしょう。

　もっとも，公務員試験で出題される刑法に限れば，出題される範囲も限られ，また，特定の分野に出題が集中することもあり，効率的に学習することで得点できる科目です。逆に，学問的なおもしろさに興味をひかれて，試験勉強の範囲を超えて多大な時間を使ってしまう危険もあるので注意が必要です。

出題テーマの傾向は?

　地方上級の刑法総論では，①正当防衛・緊急避難，②未遂犯・中止犯・不能犯，③共犯の3つのテーマからの出題が目立ちます。

　他方，刑法各論では，①名誉毀損罪・侮辱罪や②窃盗罪・強盗罪といった個人法益に対する罪のほか，公務員と関係する③公務執行妨害罪や公務員職権濫用罪からの出題が相対的に多くなっています。

学習のポイント

　刑法は，範囲が広く内容も難解な部分が多い反面，出題数はそれほど多くはありません。難解な部分で時間を使いすぎたりすると，他の科目にも悪影響を及ぼす危険まであります。ですので，刑法では特に効率的な学習を心掛けるべきなのです。

　具体的には，全体構造をある程度理解した後は，過去問で頻出の分野・知識から押さえていくオーソドックスな方法でよいでしょう。

刑法 過去10年間の出題テーマ

出題箇所		年度	26	27	28	29	30	元	2	3	4	5
刑法総論	刑法の法源と解釈											
		罪刑法定主義						全				
		刑法の適用範囲							全			
	因果関係											
	不作為犯			全								
	被害者の同意											
	正当防衛と緊急避難											
	責任能力				全							
	故意と過失											全
	事実の錯誤と法律の錯誤		全									
	未遂犯・中止犯・不能犯				全					全		
	共犯											
	刑罰の種類・適用										全	
刑法各論	個人法益に対する罪											
		殺人罪・傷害罪・暴行罪					全					
		住居侵入罪						全				
		脅迫罪							全			
		名誉毀損罪・侮辱罪								全		全
		窃盗罪・強盗罪		全	全							
		詐欺罪										
		横領罪・背任罪										
		監禁罪					全					
	社会法益に対する罪					全						
		放火									全	
		文書偽造罪										
	国家法益に対する罪											
		公務執行妨害罪	全									

(全＝全国型)

93

労働法 傾向と対策

出題数	
全国型	特別区
2 問	**0** 問

労働者を保護するルールはバイト経験からイメージしやすい
短時間の勉強で得点源にできるオイシイ科目

専門試験 No.20〜21

どんな問題が出るの?

労働法は，個別的労働関係法と集団的労働関係法に大別できます。

個別的労働関係法では，使用者に比べて弱い立場にある労働者を個別的に保護するための法律である労働基準法からの出題が中心となります。労働基準法は，他の法律と比べて複雑な条文が少なく，また，特にアルバイト経験があれば具体的なイメージが持てるため，理解しやすいと思われます。労働基準法の関連法として，男女雇用機会均等法なども出題されます。

集団的労働関係法では，労働組合法が出題されます。労働組合法は，労働者を集団的に保護するための法律です。労働組合法も全体構造を押さえたうえで各制度や条文を理解していけば，それほど時間をかけずに得点源にできるでしょう。

労働法は，比較的短時間の勉強で得点源にできる科目です。満点を取るつもりで取り組みましょう。

出題テーマの傾向は?

全国型では，個別的労働関係法の分野からは労働契約と解雇・懲戒，集団的労働関係法の分野からは団体交渉・労働協約のテーマからの出題が多いです。特に後者は同じ分野からの連続した出題が見られます。

学習のポイント

労働基準法も労働組合法も，全体構造を押さえた後は，過去問を使って頻出の条文と判例を押さえていけばよいでしょう。

重要度 2 大
思考力 3 要
難易度 2 難
学習効率 2 低
出題範囲 3 広

労働法　過去10年間の出題テーマ

出題箇所		26	27	28	29	30	元	2	3	4	5
個別的労働関係法	労働契約				全		全		全		
	労働基準法の機能と基本原則		全	全							
	賃金					全				全	
	労働時間										
	休憩・休日・年休										
	女性・年少者の保護		全								
	解雇・懲戒	全									
	就業規則										全
集団的労働関係法	労働組合		全					全	全		全
	不当労働行為		全	全			全				
	団体交渉・労働協約	全			全						
	組合活動・争議行為									全	
	労働委員会			全			全				

(全＝全国型)

95

経済原論 傾向と対策

経済系科目のベースとなる知識
過去問で問題慣れと解法パターンの習得を

どんな問題が出るの?

主としてミクロ経済学とマクロ経済学から出題されていますが，財政学や経済政策など他科目に分類できるような問題もあります（逆に，他の科目で経済原論ともいえるような問題も多くあります）。基本問題と応用問題の二部構成となっていて，応用問題では，経済学部1・2年生向けの大学講義の範囲を超えることもあります。

問題の形式の特徴は?

グラフを使った出題もありますが，実質的にはなんらかの計算を要求されることが多く，計算問題の出題比重が重くなっているように見受けられます。

出題テーマの傾向は?

全国型では，ミクロ経済学の基本テーマ（市場経済のメカニズム，消費者行動の理論，生産者の行動理論）とマクロ経済学の基本テーマ（マクロ経済学の基礎，ケインジアンの静学マクロモデル）が出題のベースです。

特別区は，おおむね全国型の出題パターンに似ています。ただし，全国型に比べて，消費者行動の理論より生産者行動の理論に偏っており，応用問題の出題テーマは比較的絞られています。

学習のポイント

経済原論の知識は他の科目でも使うので，学習時間を十分に取るべきです。

教養試験の「経済」との違いは，数学的要素の有無だけです。中学・高校で学んだ数式とグラフの関係を使って，図や文章は数式に，数式は図に変換して考えられるようになればほぼ万全です。

出題パターンはある程度決まっているので，多くの過去問を解いて問題慣れし，解法パターンを習得するとよいでしょう。

重要度 5 大
難易度 4 難
出題範囲 3 広
学習効率 2 低
思考力 3 要

経済原論　過去10年間の出題テーマ

出題箇所		26	27	28	29	30	元	2	3	4	5
市場経済のメカニズム	分業と比較優位	全区		区		区			全		
	市場均衡・不均衡と調整メカニズム		全区	全	区	区		区区	区	区	
	弾力性	全					全区	全	全	全	区
	余剰分析	区		全区	全区	全		全	区	全区	
	市場の失敗		区						区	区	
消費者行動の理論	無差別曲線				区		全		全		
	消費者の最適選択		全区		全		区	全	全	全区	全
	所得の変化と価格の変化	区					区				
	代替効果と所得効果への分解	全									
	消費者行動理論の応用	全					区	全区	全区		全
生産者行動の理論	完全競争企業の行動	区	全区	全	全区	全		区		全	全
	損益分岐点と操業停止点	区		区		区		全区			区
	独占企業の行動	全区		全区	全区	全		区	全区		全区
	複占・寡占		区		区	区			区		区
ミクロ経済分析の進展	エッジワース・ボックスとパレート最適	区						全			区
	ローレンツ曲線・ジニ係数	全									
	ゲームの理論		全	区				全		区	全
	不確実性と情報										
マクロ経済学の基礎	4市場の均衡条件										
	45度線モデル	区									
	乗数理論	全区					全		区		
	政府部門と海外部門			区			全				
ケインジアンの静学マクロ・モデル	IS-LMモデル				全		区	全	区	全区	全
	IS-LMモデルと財政・金融政策	全	全区	全	全				区		
	AD-ASモデル	区	区	全					区		
	マンデル=フレミング・モデル	全	全		区				区		
マクロ経済分析の進展	UV曲線・労働市場				区					区	
	フィリップス曲線					区	区				
	インフレ供給曲線・インフレ需要曲線			区	区		区			区	全
	消費関数	区		区	全		全区			全	区
	投資関数			全区		全		区		全区	区
	貨幣供給・貨幣需要			全区			区	全			
	マネタリストと合理的期待学派										
長期の分析と国民経済計算	景気循環・経済成長論		区			区		区	区	区	区
	産業連関分析			区							
	国民経済計算	区	全	全	全	全区	全区	全全区	全区	全	全区
経済政策	経済政策	全		区							区
	貿易・関税政策	全	全		全	区		全	区		
	購買力平価説							全			

全国型で頻出

(全＝全国型，区＝特別区)

97

専門試験

財政学 傾向と対策

出題数	
全国型	特別区
2 問	**5** 問

中軸となる理論問題は経済原論とほぼ重複
経済原論を先に学習し，制度・事情問題に専念

専門試験
No.31～33

どんな問題が出るの?

　国や地方政府など公共部門の経済活動を見る財政学からの出題は，財政の役割と制度，歳入面（租税，公債など），歳出面（財政政策など）に分類できます。また，制度問題，理論問題そして事情問題に分類して見ると，理論問題の多くは経済原論（ミクロ経済学，マクロ経済学）の基本問題レベル，制度問題と事情問題はほぼ大卒一般教養レベルです。

出題テーマの傾向は?

　全国型では，租税からの出題が目立ち，周期性が見受けられる日本の税制・税制改革は全国型特有のテーマです。総じて，理論問題が多く見受けられます（租税の負担，余剰分析およびフィスカル・ポリシー）。

　特別区では，予算制度，租税原則と課税の効果，公債およびフィスカル・ポリシーからコンスタントに出題されています。他の試験同様に，制度・理論問題が中心ですが，マクロ経済学の知識がやや多めに問われています。

学習のポイント

　一見すると，出題範囲が広く，暗記すべき事項も多いようですが，実はそうでもありません。租税原則と課税の効果，公債の経済効果，公共財，フィスカル・ポリシーといったテーマは基本的に，経済原論での学習事項（読み替え事項）であり，国と地方の財政制度は基本的に同じだからです。したがって，まずは経済原論をしっかりと押さえ，財政学の試験対策では，国の財政制度と財政事情の学習に専念できる体制を整えるとよいでしょう。

重要度 **4** 大
難易度 **4** 難
出題範囲 **4** 広
学習効率 **4** 低
思考力 **3** 要

財 政 学 　過去10年間の出題テーマ

出題箇所		年度 26	27	28	29	30	元	2	3	4	5
財政制度の役割と	財政の役割	区	区		区		区区	区	区	区区	区
	予算制度	区	全	区	全区		全区	全	区	区	
	歳入・歳出										
租税	租税原則と課税の効果	全	区		区	区	区	区	区	全	区
	ラムゼー・ルール	区							全		
	租税の負担（転嫁と帰着）										
	租税・補助金の余剰分析			区							
	日本の租税構造		全区	全区	全					区	
	日本の税制・税制改革				区		全	全	全		全
公債	公債の発行	全		全区	区					全区	全区
	国債発行のルール										
	国債管理政策										
	公債の経済効果										
財政政策	公共財					全区		区			
	社会保障										
	フィスカル・ポリシー		全			区					
	政府支出乗数	区		区							
	均衡財政乗数										
	ビルトイン・スタビライザー	区							区		
予算事情	一般会計予算		全	全		区		全			
地方財政	地方自治体の役割										
	国と地方の財政関係		全			全	区	区			区
	地方政府の歳入・歳出	全区	区			区	全	区	全区	全	区

特別区で頻出

全国型で周期的に出題

（全＝全国型，区＝特別区）

経営学 傾向と対策

出題数	
全国型	特別区
2問	**5**問

経営学説，経営戦略，経営組織が頻出
過去問演習を中心に基本知識の定着を図ろう

専門試験 No.38〜40

どんな問題が出るの?　経営学の重点は，企業を効率的かつ公正に運営するうえで直面するさまざまな問題を分析することにあります。そのために提唱された学説や手法が出題の対象です。なお，一部の内容は行政学と重複します。

出題テーマの傾向は?　経営学説，経営戦略，経営組織が頻出テーマです。次いで，日本の企業と経営，マーケティング，企業形態などが目立ちます。

学習のポイント　頻出テーマの要点をチェックし，過去問演習を繰り返しながら，基本知識を固めることが重要です。国家一般職試験や国税専門官試験の過去問も参考になります。

重要度 3 大
難易度 2 難
出題範囲 4 広
学習効率 3 低
思考力 3 要

経営学　過去10年間の出題テーマ

出題箇所	年度	26	27	28	29	30	元	2	3	4	5
経営学説	ドイツ経営学						区				
	アメリカ経営学	区	区	区		区	全区	全区	全		全
	日本的経営論									区	区
企業の形態と統治構造	企業の諸形態							区			
	日本の株式会社			区							
	企業の統治構造			全							全
経営戦略	経営戦略	区	区	全	区	全区		区	全		区
	意思決定		区							区	
	経営組織		全	区	全区		区	区		区	区全
	人事管理		区					区			
	リーダーシップ			区		区	全				区
	マーケティング	全区		全区	区			全	区	区	
	生産・情報システム	全	区							区	
	財務管理	区			区				区	区	
	現代の企業経営	区	全			全	区	区	区		区
	日本経営史										

最頻出テーマ

（全＝全国型，区＝特別区）

社会政策 傾向と対策

出題数	
全国型	特別区
3 問	**0** 問

「労働」「社会保障」の2分野
労働は数値と理論, 社会保障は制度の仕組みが重要

専門試験
No.34～35

どんな問題が出るの?　大きく「労働」「社会保障」の2分野から構成されます。

出題テーマの傾向は?　労働分野では, 雇用・失業・就業構造について, 出題が増えています。社会保障分野では, 年金や生活保護の出題頻度が上がってきています。

学習のポイント　労働分野ではUV曲線の意味と見方, 雇用・失業・就業構造に関する数値が重要です。社会保障分野では, 各制度の仕組みを理解するとともに, 法改正や制度改正の内容をフォローしておきましょう。

重要度 3 大
難易度 3 難
出題範囲 3 広
学習効率 3 低
思考力 2 要

社 会 政 策　過 去 10 年 間 の 出 題 テ ー マ

出題箇所	年度	26	27	28	29	30	元	2	3	4	5
労働政策	労働政策					全					
	雇用・失業政策・職業訓練	全	全								全
	労働基準政策			全		全					
	障害者雇用	全			全			全		全	
	女性の労働事情							全		全	
	外国人労働者							全			
労働経済理論	完全雇用と完全失業	全									
社会保障	社会保障										
	年金		全			全		全			
	生活保護	全		全							
	医療保険・老人保健		全	全			全			全	
	社会的介助・生活援助							全			
	介護保険		全				全				全
	所得格差										
	児童福祉・少子化			全			全				全

出題が多い

(全＝全国型)

国際関係

傾向と対策

出題数	
全国型	特別区
2問	**0**問

「国際関係論」＋高校の「政治・経済」「世界史」「日本史」
新聞を毎日，継続して読み続けることが有効

専門試験
No.36〜37

どんな問題が出るの?

大学での「国際関係論」「国際政治学」「国際経済学」「国際関係史」等で学習する基礎的事項や，現在の国際事情に関する知識を問う科目といえます。

出題の数に比して範囲が広いのが特徴ですが，高校の「政治・経済」や「公民」，「世界史」および「日本史」を復習すれば十分に対応することが可能です。

出題テーマの傾向は?

①国際法や国際関係の理論的な基礎知識，②国際機構，③国際関係の歴史，④国際経済，⑤国際社会全体にかかわる問題，の5分野から例年偏りなく出題されます。

①は，主権国家の要件や領土，領海，特に排他的経済水域はよく出ます。国際関係の理論では，勢力均衡や集団安全保障，現実主義，理想主義等の基本事項に加え，レジームやグローバルガバナンス等の用語の意味を問う問題も増えています。②は国連の組織，機能，特に安全保障理事会の役割が紛争と絡めて問われます。地域機構として出題が多いのがEU，次いでASEANです。冷戦後のNATOの活動もポイントです。③は冷戦史が中心で，国際政治上の重要事件

や歴代米国大統領の実績が頻出です。④は主要な国際合意やエネルギー，為替問題，自由貿易協定の締結状況等が出題されやすいです。⑤はグローバルプロブレム，特に地球環境と人権問題が重要です。

学習のポイント

国際関係論の基礎的なテキストおよび高校の政治・経済や歴史の教科書を中心に学習し，それに毎日の新聞に目を通すことが効果的な学習法です。『公務員試験 速攻の時事』（実務教育出版）も有効です。

重要度 **3** 大
難易度 **3** 難
出題範囲 **4** 広
学習効率 **3** 低
思考力 **2** 要

国際関係　過去10年間の出題テーマ

出題箇所	年度	26	27	28	29	30	元	2	3	4	5
基本概念と基本理論	国際法・条約										
	国際関係理論	全									
国際機構	国際連合	全				全	全	全		全	全
	欧州連合（EU）		全								
	地域機構										
国際関係の歴史	東西冷戦とその後	全									
	軍縮・安全保障			全				全			全
	民族紛争・地域事情		全								
	宗教						全				
国際経済					全						
国際社会の諸問題	環境								全		
	人権・難民		全	全	全	全			全		
日本の外交		全								全	

定期的に出ている

（全＝全国型）

PART Ⅲ

キミは解けるか？
過去問の
徹底研究

まずは108ページ以降の問題を，
時間を計りながら解いてみましょう。過去問からピックアップした
問題ばかりなので，初めて見る人にとっては難しいと感じられるは
ずです。だれもが初めは同じです。重要なのは，
解き終わってから復習をすることです。
ここでは，解答のコツ，選択肢別の難易度，目標とすべき
「理想解答時間」，合格者ならどのくらい正答できるのかの
目安になる「合格正答率」を示すので，復習しながら
目標とするレベルがわかります。

教養試験・専門試験って実際にどんな問題が出るの?

まずは108ページ以降の過去問題を見てください!問題の詳しい解説も一緒にチェックしよう

抜け道はないよ

□PARTⅢの過去問について

　この過去問は,過去に実際に出題された問題をベースに作られています。繰り返し出されているテーマ,よく出る形式の問題をピックアップして,それを実際の試験に忠実な形で再現してありますので,PARTⅢを見れば,おおまかにどんな問題がどのくらい出ているのかということがわかってもらえると思います。

問題を見ると「うわっ!難しそう!」と感じると思うけど,みんな最初はそうなので気にしないでね!

□ 自分の今の実力を試したい方は…

PARTⅢの過去問は，教養試験と専門試験に分かれています。

教養試験と専門試験はそれぞれ「**五肢択一式**」という，5つの選択肢の中から1つだけ正しいものを選んでマークシートに記入するタイプの問題が並んでいて，**教養試験は50問で解答時間は2時間30分，専門試験は40問で解答時間は2時間**となっています。これを実際の試験と同じように，キッチリと時間を計って解いてみてください。

解き終わったらPARTⅣで過去問の採点をして，実力を判定しましょう。おそらく最初は「時間も足りないし全然得点できない！」ということになるとは思いますが，これから学習を積めば正答率は確実に上がっていきますし，解答時間も大幅に短縮できるようになっていきます。

過去問は，もちろんある程度学習が進んでからチャレンジしてもかまいません。

「過去問模試」に
チャレンジ！

□ 問題の詳しい解説が見たい方は…

PARTⅢでは過去問に出てくる問題を詳しく解説して「徹底研究」しています。以下のようにさまざまな観点から過去問を1問1問分析して，感触をつかめるようにしています。

まずはこの「徹底研究」を見てみて，「こういう問題はこうやって解くのか」「この問題を解くにはこういう知識が必要なのか」というところを確認するのもよいでしょう。

PARTⅢの
「徹底研究」に
GO！

この問題の特徴	出題の傾向や問題のテーマや形式についての説明
選択肢の難易度	難しい選択肢，ひっかかりやすい選択肢などをピックアップ
解答のコツ	正答を導くための考え方，基本となる知識などを説明
解説	選択肢の正答・誤答の根拠を説明
理想解答時間	この問題を解くうえで目標にすべき解答時間の目安
合格者正答率	合格者ならどのくらい正答できるかの目安

教養試験　地方上級
政治

No.1

参政権

理想解答時間 **4分**　合格者正答率 **70%**

> 必ず押さえて
> おきたいテーマ

参政権に関する次の記述のうち，妥当なものはどれか。

1 憲法は，「公務員を選定し，及びこれを罷免することは，国民固有の権利である」と規定しており，これは，すべての公務員を国民が直接に選定し，また罷免すべきとする趣旨を表すものと解されている。

2 選挙権は，国民主権原理に基づいて，国の政治のあり方を国民が自ら決定するためのものであるから，国政選挙であると地方選挙であるとを問わず，憲法上，外国人に選挙権は認められない。

3 選挙権は日本国民に保障される権利であり，ここで日本国民とは国内に在住する国民を意味し，海外に在住する日本国民を含まないが，法律で海外在住の日本国民に選挙権を付与しても違憲ではない。

4 参政権とは，国民が主権者として国の政治に参加する権利であり，その中には公務員の選定罷免権も含まれるので，最高裁判所の裁判官の国民審査を解職（リコール）の制度ととらえると，これもまた参政権の一種であるということができる。

5 請願権は，国や公共団体の政治のあり方について，国民として要望を伝える権利であるから，参政権の一種であり，そのため，この権利は外国人には保障されていない。

この問題の特徴

　参政権は，選挙制度や外国人の人権など他のテーマとも関係するため，必ず押さえておくべきテーマです。この問題の正答率は，初学者で30％，受験時で70％程度と推測できます。

選択肢の難易度

　選択肢**1・2・5**はよく出る知識です。選択肢**3**は，平成17年に違憲判決が出ていたため，時事的な問題としても注目されていたものです。正答の選択肢**4**は，文章の意味を理解できれば判断できますが，そのためには一定の基礎知識が必要です。

解説

1×　誤り。判例は，憲法が規定する国民の公務員の選定罷免権は，あらゆる公務員の終局的任命権が国民にあるとする国民主権原理を表明するものであって，必ずしもすべての公務員を国民が直接に選定し，ま

た罷免すべきだとの意味ではないとする。

2×　誤り。外国人の国政選挙の選挙権については，判例は，国民主権原理から，認めることはできないとする。これに対し，外国人の地方選挙の選挙権については，判例は，法律によって付与することは憲法上禁止されていないとする。よって，地方選挙権であれば法律で外国人に認めることはできる。

3×　誤り。判例は，海外に在住する日本国民も，憲法によって選挙権が保障されていることには変わりはないとするから，法律で海外在住の日本国民に選挙権を付与しないことは違憲となる。

4◎　正しい。解職は罷免の制度であるから，公務員の選定罷免権の中に含まれ，参政権の一種とすることができる。

5×　誤り。請願権は，請願を受けた側には請願の内容を実現する義務はないこともあり，外国人にも保障が及ぶと解されている。なお，請願権の性格は，受益権でもあるが，参政権の一種とも考えられるから，前半は正しい。

正答 **4**

No.2 国家のあり方

理想解答時間 **2分**　合格者正答率 **80%**

国家のあり方についての下文の見解と異なる立場からのものは，次のうちどれか。

> 資本主義が高度化し，国家が19世紀の自由国家（消極国家）から20世紀の社会国家（積極国家）に変化したことに応じて，行政権は各国で異常に肥大化し，法の執行機関（政府）が「国家基本政策の形成，決定」に中心的・決定的な役割を営む現象が顕著に見られる。
> 社会国家化それ自体は不可避といってよいが，行政権の肥大化があまりにも進めば，権力分立は形骸化し，民主政も危機にさらされるおそれが大きい。この現象の行き過ぎをチェックするシステムを再構成する必要がある。

1 福祉を拡充すること

2 議会主義の復権を図ること

3 司法が行政へ積極的に関与すること

4 地方分権を進めること

5 告知・聴聞を内容とする適正手続きを行政へも拡張すること

> 歴史的な背景を知っていれば解ける

この問題の特徴

　本問は，政治・国家のあり方のテーマからの出題です。近年の全国型で出題が2度ありましたが，今後も東京都や特別区でも出題される可能性は十分にあります。大きな視点が押さえられていれば正答に達するのはそれほど難しくないため，正答率は，初学者で40%，受験時で80%程度であると推測できます。

解答のコツ

　本問のような問題は，18世紀から現在に至るまでの国家観の変遷について，その流れを歴史的な背景とともに押さえておけば，あとは現場思考で正答に達することができるでしょう。

解説

　問題文の立場は，以下のとおりである。国家の社会国家化は，大きな政府を促進したため行政部の肥大化が生じた。このため，立法・行政・司法の三権分立のバランスが崩れ，国会の果たす役割が大きい民主政も危機にさらされるおそれが大きい。そこで，肥大化した行政権をチェックするシステムを再構築する必要がある。

1× 異なる立場である。福祉の拡充は，行政権の肥大化の原因となる。

2○ 同じ立場である。議会主義の復権は，民主的な議会によって，行き過ぎた行政権の肥大化をチェックすることになる。

3○ 同じ立場である。司法の行政への積極的な関与は，三権の一つである司法権によって，行き過ぎた行政権の肥大化をチェックすることになる。

4○ 同じ立場である。地方分権を進めることは，中央政府の肥大化した行政権を分散させることで，行き過ぎた行政権の肥大化を抑制することになる。

5○ 同じ立場である。告知・聴聞を内容とする適正手続きを行政へも拡張することで，肥大化した行政権の活動を事前にチェックすることになる。

正答 **1**

No.**3**

教養試験 地方上級
政治

地方公共団体

理想解答時間 **2分**　合格者正答率 **80%**

地方公共団体に関する次のア～オの記述のうち，違憲の疑いの強いものを選んだ組合せとして，妥当なものはどれか。

> 地方公務員の採用試験だから要注意のテーマ

ア　地方公共団体が，法律にない新たな税金を条例によって徴収する。
イ　ある地方公共団体の条例によっては処罰される行為が，他の地方公共団体においては処罰されない。
ウ　地方公共団体が，条例違反のみを審査する裁判所を独自に設け，刑罰の執行も行う。
エ　条例により，地方公共団体が法的拘束力を有する外交活動を行えるようにする。
オ　地方公共団体が，条例により有害図書の自動販売機による販売を禁止する。

1　ア，イ
2　ア，オ
3　イ，ウ
4　ウ，エ
5　エ，オ

この問題の特徴

　地方公共団体は，憲法の分野としても，また，地方自治の分野としても，全国型を中心に出題が散見されます。地方公務員の採用試験ですから，今後も出題可能性が比較的高いテーマなので，十分な注意が必要です。正答率は，初学者で30%，受験時で80%程度であると推測できます。

解答のコツ

　本問は，違憲の疑いが強いものを選ばせる出題形式ですが，実質は地方公共団体の権能についての問題です。国の専属的事務については，地方公共団体は行えないのですから，容易に判断できる選択肢エを軸にするなど，常識的な判断により正答することが可能でしょう。

解説

ア×　違憲ではない。条例による課税は認

められている。

イ×　違憲ではない。憲法が各地方公共団体に条例制定権を認めている以上，地域によって差が生ずることは当然に予定されているからである。

ウ○　違憲の疑いが強い。裁判制度は，司法権は最高裁判所の系列下にある裁判所に属することが憲法上要求されていることから，国の専属的事務と解されている。

エ○　違憲の疑いが強い。法的拘束力を有する外交活動は，国際社会における国家としての存立にかかわる事務なので，国の専属的事務と解されている。

オ×　違憲ではない。判例は，本肢のような場合を合憲とする。

　以上により，違憲の疑いが強いものはウとエであるから，正答は**4**である。

正答 **4**

No.4

教養試験 地方上級

政治

基本的人権

理想解答時間	合格者正答率
🥕🥕🥕🥕 **4**分	**70**%

基本的人権に関する次の憲法の条文のうち，国民の国家に対する関係から見た権利の性質が1つだけ他と異なるものがあるが，それはどれか。

> 国民と国家の
> 関係が問われる

1　何人も，公務員の不法行為により，損害を受けたときは，法律の定めるところにより，国又は公共団体に，その賠償を求めることができる。

2　すべて国民は，健康で文化的な最低限度の生活を営む権利を有する。

3　何人も，損害の救済，公務員の罷免，法律，命令又は規則の制定，廃止又は改正その他の事項に関し，平穏に請願する権利を有する。

4　すべて国民は，法律の定めるところにより，その能力に応じて，ひとしく教育を受ける権利を有する。

5　何人も，法律の定める手続によらなければ，その生命若しくは自由を奪はれ，又はその他の刑罰を科せられない。

この問題の特徴

　基本的人権の性質についての問題は，基本的人権の歴史的展開と体系のテーマとして，どの出題タイプでも出題があります。本問のように1問全体で出題されることはそれほど多くはないでしょうが，基本的人権に関する問題を中心に選択肢の一部として出題されることは多いので，確実に押さえておくべきテーマです。正答率は，基礎知識があれば現場思考で正答を発見できる問題であるため，初学者で50%，受験時で70%程度であると推測できます。

解答のコツ

　本問のような基本的人権の性質に関する問題は，国民と国家との関係に焦点を絞って考えると解決の糸口が見えてくることが多いです。

解説

　選択肢1は国家賠償請求権であり，受益権（国務請求権）に分類される。選択肢2は生存権で，社会権に分類される。選択肢

3は請願権で，受益権（国務請求権）に分類される。選択肢4は教育を受ける権利で，社会権に分類される。選択肢5は法定手続きの保障で，自由権に分類される。

　選択肢1・3の受益権は，国家に対して一定の内容の請求をする権利である。選択肢2・4の社会権は，社会的弱者が人間に値する生活の実現のために国家に一定の施策を要求する権利である。選択肢5の自由権は，個人の領域への国家からの不当な干渉を排除する権利である。すなわち，選択肢1～4は国家に対して作為を要求する点で共通するのに対し，5は国家に対して不作為を要求するから，選択肢5のみが権利の性質が他と異なっている。

PART
III
過去問の徹底研究

正答
5

No.5

教養試験 地方上級
政治

衆参両議院での議決

理想解答時間	合格者正答率
🥕🥕🥕 3分	90%

衆参両議院で議決の不一致が起こった場合に関する次の記述のうち，妥当なものはどれか。

1 予算案が衆議院で可決され参議院で否決された後，両院協議会でも意見が一致しない場合，衆議院の議決が国会の議決とされ予算が成立する。

2 法律案が衆議院で可決され参議院で否決された後，両院協議会が開かれそこで協議案が議決された場合，それが直ちに国会の議決とされ法律が成立する。

3 内閣総理大臣の指名について衆参両議院の議決が異なり，両院協議会でも意見が一致しない場合，衆議院の再議決が国会の議決となる。

4 条約締結の承認について衆参両議院の議決が異なり，両院協議会でも意見が一致しない場合，衆議院の再議決が国会の議決となる。

5 憲法改正案が衆議院で可決され参議院で否決された後，両院協議会でも意見が一致しない場合，衆議院の再可決が国会の発議となる。

> 「ねじれ国会」が出題の増加をもたらした

この問題の特徴

本問は，国会の権限と衆議院の優越のテーマからの出題です。いわゆる「ねじれ国会」という時事的な問題を背景として出題が予想されます。正答率は，他の試験で頻出の分野であることもあり，初学者で40％，受験時で90％程度であると推測できます。

選択肢の難易度

正答の選択肢**1**と選択肢**3・4・5**は，衆議院の優越のテーマの過去問で頻出の基礎知識です。選択肢**2**はやや細かい知識です。

解説

1◎ 正しい。本肢のとおりである。
2✕ 誤り。法律案についての両院協議会で成案が得られても，それが直ちに国会の議決になるのではなく，その成案について衆議院・参議院の両院が可決して初めて国会の議決とされ，法律が成立する。
3✕ 誤り。内閣総理大臣の指名の議決の場合は，衆議院の議決が国会の指名となる。法律案の場合のような再議決は不要である。
4✕ 誤り。条約締結の承認の議決の場合は，衆議院の議決が国会の議決となり，法律案の場合のような再議決は不要である。
5✕ 誤り。憲法改正の発議の場面では，衆議院の優越の制度はない。

正答 **1**

労働市場の均衡

理想解答時間 **1分**　合格者正答率 **90%**

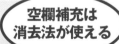
空欄補充は
消去法が使える

次の図に関する文中の空欄に入る適切な語句の組合せはどれか。

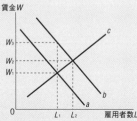

不況時または就職難のときの労働の需要曲線は（　X　）で表される。このときの賃金は（　Y　）となり，雇用数は（　Z　）に決まる。

	X	Y	Z
1	a	W_1	L_1
2	a	W_1	L_2
3	b	W_1	L_2
4	b	W_2	L_2
5	c	W_3	L_1

PART
III
過去問の徹底研究

この問題の特徴

市場均衡そのものが問われることは比較的少ないですが，その考え方は経済系科目にとって不可欠なものであり，教養試験・専門試験を通じて，毎年出題されているといっても過言ではありません。

この問題では労働市場を扱うことによって，企業が需要側，家計が供給側となる点，そして不況時や就職難という抽象的な表現で難易度が高められています。しかし，労働の需要曲線がどれかさえわかれば極めて平易なので，学習開始時点でできる人も30％近くいるでしょう。

解答のコツ

空欄補充では，「消去法」で容易に正答を絞り込むことが多いです。本問の場合，「市場の均衡は，需要曲線と供給曲線の交点で示される」ということだけで，正答は**1**と**4**のいずれかとわかります。

解説

均衡点は需要曲線と供給曲線の交点なので，賃金が W_1，雇用者数が L_1 の組合せか，賃金が W_2，雇用者数が L_2 の組合せのいずれかが正しい（**2・3・5**は誤り）。

そこで，不況時または就職難のときの労働の需要曲線が a と b のいずれであるかを考える。不況時または就職難のとき，企業は，賃金が一定ならば雇用者数を減らそう，雇用者数が一定ならば賃金を低下させようとするはずだから，左下に位置する需要曲線が正しいことがわかる（**1**は正しい，**4**は誤り）。

正答
1

113

貨幣需要

貨幣需要に関する次の記述のうち, 妥当なものはどれか。

1　取引動機に基づく需要は, 日常の取引きをするうえで必要とされる貨幣需要のことであり, 通常は所得が増加すると減少する。

2　取引動機に基づく需要は, 不意の出費に備えるための貨幣に対する需要であり, 通常は所得が増加すると減少する。

3　資産動機に基づく需要は, 家計が保有する資産の一手段としての貨幣に対する需要であり, 利子率が上昇すると減少する。

4　資産動機に基づく需要は, 将来の資産価値の増加を見込んで危険資産を購入するための貨幣需要のことであり, 利子率が上昇すると減少する。

5　予備的動機に基づく需要は, 貯蓄をすることを目的とした貨幣需要であり, 債券の需要が高まると減少する。

> 独特の言い回しは
> 学習を積めば
> 迷わない

この問題の特徴

　本問は, 全公務員試験で頻出問題の一つ, 流動性選好説といわれるマクロの経済学の貨幣需要についての基本的な問題です。全選択肢の表現がよく似ているうえに, 普段使わないような言葉が多いので混乱しやすいですが, 独特の言い回しについては学習を積めば迷わなくなります。学習の開始時点で正答できる人は20%程度でしょう。

解答のコツ

　まず, 選択肢全体を見て, 何が正誤を判断するカギなのかについて見当をつけましょう。本問の場合, 3つの貨幣需要の概念と, それぞれの依存関係が判断のカギとなっていることがわかります。

　次に, それぞれのカギについて, 単純に解答できるものからつぶしていきましょう。この際のコツは, 正しいものを探すのではなく, 誤っている部分を探し出すつもりで読むことです。また, 多くの問題では誤りすべてを指摘する必要はないので, 誤

りを1か所見つけると, 同じ誤りを含んだ選択肢がないかを確認しましょう。本問の場合, 「取引需要に基づく貨幣需要は, 所得が増加するにつれて増加する」ことに気づけば, 1と2が誤りであることがわかります。

　なお, 「誤りと判断した部分には下線を引く」など視覚的にわかるように自分なりのルールを決めておくとよいでしょう。

解説

1×　誤り。概念は正しいが, 所得が増加すれば需要は増加する。

2×　誤り。1の解説を参照。

3◎　正しい。

4×　誤り。資産動機に基づく需要は, 危険資産の価格下落を見込んで安全資産である貨幣を需要することをさす。

5×　誤り。予備的動機に基づく貨幣需要とは, 不意の出費に備えるための貨幣需要であって, 債券の需要とは無関係である。

正答
3

No.8

IMF 体制

理想解答時間 **3分**　合格者正答率 **70%**

IMF（国際通貨基金）体制に関する次の記述のうち，妥当なものはどれか。

**年号などの
数字にこだわり
すぎないこと**

1　ニクソン・ショックに伴う国際通貨体制の動揺を収束させる目的で各国間通貨の再調整を行うスミソニアン会議が開かれ，IMF体制が成立した。

2　スミソニアン合意に基づいて機能してきた固定相場制が崩壊して変動相場制になり，IMF体制が成立した。

3　第1次石油ショックに伴う国際通貨体制の動揺を収束させる目的で各国間通貨の再調整を行うブレトン・ウッズ会議が開かれ，IMF体制は実質的に崩壊した。

4　IMF体制では金本位制による固定相場制が採用され，国際収支の不均衡は金の流出入を通じて調整されてきたが，自国通貨の切下げ競争によりIMF体制は実質的に崩壊した。

5　IMF体制では金・ドル本位制による固定相場制が採用され，金とドルは一定の比率で交換されたが，ニクソン・ショックによる金とドルの交換停止によりIMF体制は実質的に崩壊した。

この問題の特徴

国際通貨・貿易体制は近年，特別区で比較的短い周期で出題されており，他の試験でも忘れた頃に出題されるテーマの一つです。世界経済事情がらみで出題されることがあることや，日本がサミット開催国となったこと，WTOドーハ・ラウンドが話題になったことを踏まえれば，要注意のテーマの一つです。学習開始時点で正答できる人は30％程度でしょう。

解答のコツ

経済史や経済事情の学習で出てくる年号や経済指標の数字などにこだわりすぎる受験者がたまにいますが，そうしたこだわりはほどほどにして，目安にとどめる学習で十分です。

本問は，IMF体制に関連深い，ニクソン・ショック，スミソニアン会議・合意，ブレトン・ウッズ体制，金・ドル本位制といったキーワードが散りばめられています。それらを適切に結びつける知識を持っていれば，十分に正答できる問題です。

解説

1✕　誤り。ニクソン・ショックはIMF体制崩壊の引き金である。

2✕　誤り。スミソニアン合意はニクソン・ショックへの対応に関する合意である。

3✕　誤り。アメリカの国際収支悪化がニクソン・ショックを引き起こした。また，ブレトン・ウッズ会議はIMF体制成立のきっかけである。

4✕　誤り。IMF体制は金本位制ではなく，金・ドル本位制である。また，IMF体制崩壊の原因は，自国通貨の切下げ競争ではなく，金とドルの交換停止（ニクソン・ショック）である。

5◎　正しい。

**PART
III
過去問の徹底研究**

正答
5

環境問題

理想解答時間 **3分** ｜ 合格者正答率 **70%**

環境問題に関する次の記述のうち，妥当なものはどれか。

環境問題は頻出！

1 2021年に生物多様性条約第15回締約国会議（COP15）の第一部がオンライン方式と対面方式（中国・昆明）の併用により開催され，ハイレベルセグメントにおいてポスト2020生物多様性枠組が採択された。

2 酸性雨の発生を抑制するため，モントリオール議定書の締結国はフロンガスの排出規制を行っている。

3 2021年にイギリスのグラスゴーで国連気候変動枠組条約第26回締約国会議（COP26）が開催された。ここでパリ協定第6条の市場メカニズム部分などについて合意がなされ，パリ協定実施指針が完成した。

4 黄砂は黄河流域や砂漠等から砂塵が巻き上げられて浮遊，降下する現象であり，農業生産や生活環境，地球全体の気候に影響を与えるが，自然現象であるため「対策のない環境問題」と呼ばれている。

5 わが国においては2012年に再生可能エネルギー固定買取制度が導入され，2021年の太陽光発電累積導入量は世界1位となった。

この問題の特徴

環境問題は地方上級試験の頻出テーマの一つです。普段からニュース等に注意しておきましょう。本問は環境についての話題を幅広く問うものであり，難易度は中程度です。

選択肢の難易度

基礎知識があれば，比較的容易に正答を選び出せるはずです。正答以外の選択肢も，**2**と**4**は基礎レベルです。**1**と**3**は時事的な話題であり，日頃からニュースに親しんでいない場合は，やや正誤判断に迷うかもしれません。**5**は白書からの出題で，初学者にはやや難しいかもしれませんが，エネルギー問題に興味のある人にとっては一般常識といえる内容です。

解説

1 × 誤り。COP15第一部は，2020年を最終年とする「愛知目標」以降の枠組みを翌年開催予定の第二部で採択する決意を示す「昆明宣言」の採択にとどまった。

2 × 誤り。モントリオール議定書によるフロンガスの排出規制は，オゾン層破壊を抑制するのが目的である。

3 ◎ 正しい。2015年採択のパリ協定は2020年以降の温室効果ガス排出削減等のための全ての国を対象とする国際枠組。COP26では気温上昇を1.5度に抑える世界目標も合意された。

4 × 誤り。近年，黄砂は森林減少，砂漠化といった人為的影響による環境問題と認識されており，「越境する環境問題」と呼ばれる。

5 × 誤り。再生可能エネルギー固定買取制度は，太陽光などの再生可能エネルギーの普及を目指し，それらの一定期間・一定価格での買取りを電気事業者に義務づける制度。2021年の太陽光発電累積導入量は，1位中国，2位アメリカ，3位日本。

正答 **3**

日本の人口動向

理想解答時間 2分　合格者正答率 80%

わが国の人口動向に関する次の記述のうち，妥当なものはどれか。

1 2019年のわが国の合計特殊出生率は前年の1.42を下回る1.36であったが，現在の人口を維持できる水準を大きく下回っている。この値は北欧諸国よりも低く，フランスやドイツよりも高い水準である。

2 わが国の将来人口を年齢階級別に見ると，2025年には65歳以上人口（高齢者人口）の割合が30％を超え，15歳未満人口（年少人口）の割合を上回ると見られている。

3 わが国における65歳以上人口の割合は，1970年代にはすでに7％を超えており，いわゆる高齢化社会の段階に突入していた。

4 2020年におけるわが国の出生数は約130万人，死亡数は約100万人であり，近い将来に人口の自然減が予想されている。

5 少子化の進展を受け，国の令和4年度社会保障関係予算において，少子化対策費は前年度に比べ約2.1％の増加となり，年金給付費を上回る予算額となった。

> 最近の動向には要注意

この問題の特徴

人口は，近年の地方上級試験で出題頻度の上がっているテーマです。本問はいわばその典型問題で，合計特殊出生率，65歳以上人口の割合など，重要な知識を問う内容となっています。本問の難易度は基礎レベルで，学習開始時点で正答できる人は40％程度でしょう。できれば受験時には，多くの人に正答してほしい問題です。

選択肢の難易度

1～4は基礎的な内容の選択肢です。5がやや発展的ですが，消去法を用いるのではなく，確実な基礎知識をもとに正答を選び出す問題といえます。

解説

1× 誤り。各国の合計特殊出生率（2019年）は，フランス1.86，スウェーデン1.71，アメリカ1.71，イギリス1.63，ドイツ1.54，日本1.36（2020年1.33），イタリア1.27である。また，日本における人口置換水準（人口を維持できる水準）は2.06（2020年）である。

2× 誤り。1997年に高齢者人口が年少人口を上回り，2025年の高齢者人口は30.0％，年少人口は11.5％と推計されている。

3◎ 正しい。1970年には7％を超えて高齢化社会となり，1994年には14％を超えて高齢社会となった。

4× 誤り。2020年におけるわが国の出生数は前年の約86万人から減少し約84万人，死亡数は約137万人である。2007年以降は一貫して自然減となっている。

5× 誤り。令和4年度社会保障関係予算の最大は年金給付費で約35％を占める。少子化対策費は約8.5％である。増加率は介護給付費（約3.3％），生活扶助等社会福祉費（約2.7％），少子化対策費（約2.1％）の順。

PART III 過去問の徹底研究

正答 **3**

No.11 鎌倉時代

理想解答時間 1分　合格者正答率 70%

鎌倉時代に関する次の記述のうち，妥当なものはどれか。

1 1192（建久3）年，鎌倉幕府を開いた源頼朝は国司任免権によって全国の国衙領，荘園を実質的に支配し，公家たちは経済基盤を失って朝廷を中心とする政権を維持することができなくなった。

2 1221（承久3）年の承久の乱で圧倒的勝利を収めた幕府は，六波羅探題を設置して朝廷の監視や西国の統括に当たらせる一方，上皇方の所領を没収して新たに地頭を任命し，幕府の支配が飛躍的に進んだ。

3 1232（貞永1）年に制定された御成敗式目は最初の武家法であるが，律令や公家法を参考にしており，武士階級ばかりでなく公家にまで適用された。

4 1274（文永11）年と1281（弘安4）年にモンゴル軍が襲来した元寇を契機に，幕府では評定衆や引付衆が設置され，北条氏の下で執権政治は安定・隆盛期を迎えた。

5 1297（永仁5）年，幕府は徳政令を出して御家人の救済を図り，将軍と御家人の間に御恩と奉公による強固な主従関係が確立した。

> 出題されるのは政治に関する事項が多い

この問題の特徴

鎌倉時代は出題される割合が高いテーマです。出題形式はほとんどが「単純正誤形式」です。問われる内容は鎌倉幕府の政策や執権政治に関する政治的事項が中心です。

選択肢の難易度

2にある承久の乱は，日本史上の戦乱としては最も出題頻度の高いテーマです。これまで何度も出題されている内容なので，目新しい問題ではなく，難易度は高くありません。

解答のコツ

源頼朝時代や歴代の執権に関する出題が増えています。2代執権が承久の乱，3代執権が御成敗式目の制定，9代執権が永仁の徳政令とポイントを整理して覚えておきましょう。

解説

1× 誤り。国司任免権は朝廷が掌握していた。鎌倉幕府開府時は朝廷と幕府の公武の二元的支配が行われていた。

2◎ 正しい。承久の乱で後鳥羽上皇を破った2代執権北条義時は，朝廷を監視する六波羅探題を設置し，没収した所領に新補地頭を任命した。

3× 誤り。3代執権の北条泰時が定めた御成敗式目は武家法であり，適用範囲は御家人のみで，律令や公家法を参考にしていない。

4× 誤り。評定衆の設置は1225年，引付衆の設置は1249年である。

5× 誤り。徳政令は効果が得られず，翌年廃止されている。将軍と御家人の間にご恩と奉公による強固な主従関係が確立したのは源頼朝の幕府開府時である。

正答 **2**

幕末〜明治の外交

理想解答時間 **1分**　合格者正答率 **60%**

幕末から明治時代の外交に関する次の記述のうち，妥当なものはどれか。

1　明治時代に清国と結んだ日清修好条規は清に有利な条約であったが，台湾を巡り日清戦争に日本が勝利し，下関条約では台湾の独立を清に承認させた。

2　日清戦争後，日本は21カ条の要求を清国に突きつけ，対等な条約である日清修好条規を結んだ。

3　日露戦争後に結ばれたポーツマス条約で，ロシアは日本に満州の東清鉄道の権利を認め，アメリカが中国に進出することも認めた。

4　1891年にロシアの皇太子が訪日した際，大津の巡査が皇太子を傷つけた大津事件によって，外相の青木周蔵が辞任し，条約改正交渉が遅れた。

5　ペリーが来航し，日米和親条約を結び，この条約によって長崎，神奈川，神戸を開港した。

> **幕末の出題は増えている**

この問題の特徴

明治時代は日本史の中でもよく出題される時代ですが，幕末の状況はあまり出題されてきませんでした。しかし，2003年にペリー来航150周年を迎えて以来，出題が増える傾向にありますし，2008年には日米修好通商条約を締結して150周年を迎えたことなどから出題が増えています。地方上級での出題形式はほとんどが「単純正誤形式」です。

選択肢の難易度

選択肢**1**から**5**までの内容は中学・高校の日本史の範囲です。史実と違う記述がわかれば，解答は容易です。

解答のポイント

開国し明治時代に入ると，対外交渉に関する出来事が増えてきます。日米だけでなく，アジア諸国との関係も重要です。日本と中国の間の日清修好条規は1871年に日清が相互に開港して領事裁判権を承認するこ

とを定めたものです。

解説

1×　誤り。日清修好条規は日本と清国の対等条約であった。日清戦争は朝鮮半島の甲午農民戦争（東学党の乱）をめぐり起こったものである。

2×　誤り。21カ条の要求は1915年，大正時代の大隈重信内閣が清国に突きつけたものである。日清修好条規は日清戦争前の1871年に結ばれた条約である。

3×　誤り。1905年に結ばれたポーツマス条約では，アメリカが中国に進出することは認められていない。

4◎　正しい。大津事件はロシア皇太子ニコライが大津の巡査津田三蔵に傷つけられた事件である。

5×　誤り。1854年に結ばれた日米和親条約によって下田と箱館の2港が開港され，領事の駐在を認めた。

正答 **4**

PART **Ⅲ**　過去問の徹底研究

中国の王朝

理想解答時間 **2分**　合格者正答率 **50%**

中国の王朝に関する次の記述のうち，妥当なものはどれか。

各王朝について
問われる

1 漢は朝鮮半島に楽浪郡を設置し，匈奴の対策に万里の長城を修築し，張騫を西域へ派遣した。儒学を官学化した。

2 唐は中央集権国家であり，郡国制を制度化した。三省六部などの新たな律令体制を整備し，北方の金に対しては銀を送るなどして融和策をとった。

3 宋は科挙制度を整え，文治主義の政治を行った。地方に節度使を設置して，地方を支配した。

4 元は前王朝から行っていた科挙を受け継いで，官僚が皇帝を支えた。駅伝制が施行され，東西交流が盛んになった。

5 明は日本と勘合貿易を行い，日本から遣明船が派遣された。13世紀には倭寇が出現したが，15世紀には鄭和の南海遠征が行われ，南海諸国の朝貢を受けた。

この問題の特徴

中国王朝史は世界史では頻出テーマです。1つの王朝の歴史が問われるパターンと，各王朝の特色が問われるパターンと2種類がありますが，本問は各王朝について問うタイプです。各時代の特色を正確に把握していないと，誤っている内容が判断できない問題です。中国史の学習を深めていないと，いずれの選択肢も難しいでしょう。

解答のポイント

秦の始皇帝は中国全土を支配し，中国を郡県制で支配しました。前漢の劉邦は秦の始皇帝の郡県制を導入し，それに封建制度を加えた郡国制を施行して，前漢を支配しました。

解説

1× 誤り。匈奴の侵入を防ぐ目的で，戦国時代から北方辺境の城壁にあった万里の長城を修理し，オルドスから遼東半島まで連結させ，修築を行ったのは秦の始皇帝である。前漢の武帝は修築された万里の長城をさらに敦煌へ延長させた。

2× 誤り。郡国制は郡県制と封建制度を併用させた制度で，前漢を開いた劉邦によって設けられた。北方の金に対して銀を送る融和策をとったのは南宋である。

3× 誤り。地方に節度使（府兵制の崩壊後に辺境に置かれた傭兵長官）を設置して，地方を支配したのは唐である。

4× 誤り。元はモンゴル人第一主義がとられていたので，役職はモンゴル人，色目人が独占し，科挙は中止されていた。

5◎ 正しい。

正答 **5**

第二次世界大戦後の世界

理想解答時間 **1分**　合格者正答率 **60%**

第二次世界大戦後の世界の動向に関する次の記述のうち，妥当なものはどれか。

1 1949年に西側諸国が北大西洋条約機構（NATO）を結成したことにより，冷戦が始まったとされている。

2 朝鮮戦争の勃発でアジア情勢が緊迫したことを受けて，アメリカは日本とのサンフランシスコ平和条約締結を急いだ。

3 キューバ危機においてアメリカが平和五原則宣言を出したので，ソ連はキューバの核ミサイルを撤去した。

4 1970年代の2回の石油ショックによって，中東への石油依存率が高い日本が最も影響を受けた。

5 ヨーロッパではフォークランド紛争で財政状態が悪化したイギリスを中心に，欧州通貨制度の確立が急速に進められた。

> 戦後史の出題は
> 増加中

この問題の特徴

　戦後史は第二次世界大戦後60年を経過した近年出題が増えたテーマです。1940年代，50年代，60年代，70年代，80年代と年代ごとに重要な出来事を問うパターンが多い傾向にありますので，ヨーロッパだけでなく，アジアを含めた世界規模で重大事件を押さえておく必要があります。出題形式はほとんどが「単純正誤形式」です。

解答のポイント

　戦後の冷戦構造をしっかり把握する必要があります。NATO（北大西洋条約機構）は米英仏伊を中心とする安全保障機構で，これに対抗する形でソ連を中心にワルシャワ条約機構が結成されましたが，こちらは1991年に解散しています。

解説

1✕　誤り。米ソの冷戦は第二次世界大戦後，1947年のアメリカ大統領トルーマンによる封じ込め政策（トルーマン=ドクトリン），マーシャル国務長官によるマーシャル=プラン（ヨーロッパ経済復興援助計画）が発表されたことから明確化した。

2◎　正しい。1950年に北朝鮮と韓国の間で朝鮮戦争が勃発したことから，極東戦略上での日本の重要性を認識したアメリカは，日本を西側陣営に組み込むためにも，第二次世界大戦の講和を急ぎ，サンフランシスコ平和条約が締結された。

3✕　誤り。1962年のキューバ危機は，海上封鎖するアメリカのケネディ大統領と，キューバの体制維持を求めるソ連フルシチョフ第一書記長の間で回避された。平和五原則（領土保全と主権の尊重，不侵略，内政不干渉，平等と平和，平和的共存）は1954年のインドのネルーと中国の周恩来によって発表されたものである。

4✕　誤り。1973年の第一次石油ショックの教訓を受けて対策が取られたため，1979年からの第二次石油ショックは日本経済に深刻な影響を及ぼさなかった。

5✕　誤り。フォークランド紛争は1982年のイギリスとアルゼンチンの軍事衝突で，イギリス軍（サッチャー政権）が勝利したものであるが，イギリスは欧州通貨統合には消極的である。

正答 **2**

農業区分の組合せ

理想解答時間 **1分**　合格者正答率 **50%**

次の国（地域）の気候区分，代表的な農業区分の組合せとして，妥当なものはどれか。

> 気候と農業を組み合わせた難問

	国（地域）	気候区分	代表的な農業区分
1	オランダ	地中海性気候	商業的農業（園芸農業）
2	ニュージーランド	温暖湿潤気候	企業的農業（牧畜業）
3	アルゼンチン（パンパ）	サバナ気候	企業的農業（穀物農業）
4	アメリカ合衆国（五大湖周辺）	冷帯湿潤気候	商業的農業（酪農）
5	ウクライナ	ステップ気候	企業的農業（牧畜業）

この問題の特徴

　気候区分は定番の問題ですが，近年地球温暖化の関心の高まりとともに出題頻度もさらに高くなっています。各気候の特色と地域を同時に押さえていれば適切に解答できますが，本問は農業区分の特色も一緒に覚えておくことが要求されているので，この点が判別しづらい問題です。

　地理の出題形式は，地図やグラフ，貿易統計などの資料が掲載されるため，多岐にわたっています。「単純正誤形式」ではない本問のような，「組合せ形式」も見られます。

解答のポイント

　アメリカの地理学者ホイットルセーが行った世界の農業地域区分が有名です。農業は気候と密接な関係があります。稲作・畑作中心のアジア，混合農業・地中海式農業・酪農・園芸農業中心のヨーロッパ，プランテーション農業の熱帯・亜熱帯地方などまとめておきましょう。

解説

1×　誤り。オランダの気候区分はヨーロッパ大陸西岸に位置することから西岸海洋性気候である。

2×　誤り。ニュージーランドの気候区分は，西岸海洋性気候である。農業は牧畜業中心で，全島で牧羊業が行われ，北島で酪農が盛んであり，南島で小麦の栽培が行われている。企業的ではなく，商業的農業が中心である。

3×　誤り。アルゼンチンの気候区分は中央部のパンパで温暖湿潤気候である。乾燥パンパで企業的牧畜が，湿潤パンパで混合農業・商業的穀物農業が行われている。

4◎　正しい。五大湖周辺は冷涼な気候で酪農地帯となっている。

5×　誤り。ステップ気候のウクライナはドニエプル川流域の穀倉地帯で小麦の大産地となっている。

正答 **4**

東南アジアの地誌

理想解答時間 1分　合格者正答率 60%

東南アジアの国々に関する次の記述のうち，妥当なものはどれか。

民族構成や宗教を整理しよう

1　マレーシアは公用語が英語で，マレー系住民，中国系住民，インド系住民からなる多民族国家で，マレー系住民が経済的に優位な位置を占めている。

2　シンガポールはマレーシアから独立した国家であるが，住民の大半はマレー系とインド系で占められている。

3　インドネシアはオランダから独立した国家で，国民の大半がマレー系住民で，インドネシア語が公用語であり，世界最多のイスラム教徒を抱えている。

4　フィリピンはかつてスペインの植民地であったことから，カトリック教徒が多い。ベニグノ・アキノ大統領に代わって，ドゥテルテ大統領が就任したが，ヒンドゥー教徒のモロ族との間で民族紛争が起こっている。

5　東ティモールは16世紀以降インドネシアの植民地であったが，スハルト政権崩壊を機に，独立運動が激化し，2002年に独立を果たした。

この問題の特徴

　世界地理の分野では，例年各国地誌が問われています。公用語，民族構成，宗教などの基本事項のほかに農牧業・鉱工業の特色を押さえておくことも大切です。

　東南アジアがどの国の植民地化だったのかその背景までしっかりと理解しておく必要があります。

解答のポイント

　東南アジアには，中国系住民が経済的に優位な位置や，人口の大多数を占める国があります。また，キリスト教とイスラム教の影響の度合いについても違いがあり，これらについての基礎的な知識が問われています。

　あわせて，基本的な時事問題にも対応できるようにしておきましょう。

解説

1×　誤り。マレーシアは多民族国家であるが，マレー系住民が約69％を占め公用語はマレー語である。経済的に優位な位置を占める中国系住民に対抗するため，マレー系住民優先政策（プミプトラ政策）が行われている。

2×　誤り。シンガポールは1965年にマレーシアより分離独立した。中国系住民が約74％，マレー系が約14％，インド系が約9％である。公用語は，中国語，マレー語，タミル語，英語である。

3◎　正しい。人口約2億7000万人のうち約87％がイスラム教である。

4×　誤り。国民の大半がカトリック教徒のフィリピンにおいては，長く南部ミンダナオ島中心にイスラム教徒（モロ）による分離独立闘争が行われてきた。現在，2018年成立のバンサモロ基本法に基づきミンダナオ和平が進められつつある。

5×　誤り。16世紀以降，東チモールを支配してきたポルトガルは，1974年に主権を放棄した。これを機に武力侵攻したインドネシアに併合されたが，1998年にスハルト政権が崩壊すると独立が容認され，国連の関与の下，2002年に独立を果たした。

正答 3

古代ギリシア哲学

理想解答時間 **1**分　合格者正答率 **40**%

古代ギリシアの哲学に関する次の記述のうち，妥当なものはどれか。

1 プラトンは真実の存在であるイデアを理性でとらえるイデア論を展開し，「自然に従って生きる」ことの重要性を唱えた。

2 アリストテレスは物事を動かすのは神ではないと考え，現実主義の立場に立って最高善は幸福であると考えた。

3 ソクラテスは人間は真実を知ることができないと考え，弁論術を学ぶことが必要であることを説いた。

4 古代ギリシアの時代には詩人のホメロスやヘシオドスによって神話的な世界観がつくられ，哲学はすべて神話を題材にして発展した。

5 ストア派はゼノンによって創始された学派で，コスモポリタニズムを継承している。理想的な境地であるアパテイアに達するために快楽主義が重視されている。

> ギリシアは思想の源流だから重要

この問題の特徴

思想の源流となる古代ギリシア哲学は重要です。本問は定番のソクラテス，プラトン，アリストテレスについて出題されています。思想の学習を始める際も古代ギリシアから学習する場合が多いので，各哲学者とその思想内容をていねいに区別して押さえておきましょう。

選択肢の難易度

4で詩人のホメロスやヘシオドスまで問われているので，世界史の分野を網羅する内容となっており，やや難問といえます。

解答のポイント

アリストテレスはプラトンの学校アカデメイアで学び，その後，アレクサンドロス大王の家庭教師となった経歴を持ちます。アテネに帰国後，学びの場であるリュケイオンを創設しました。プラトンのイデア論を批判し現実主義の立場に立つ哲学者です。

解説

1× 誤り。「自然に従って生きる」ことの重要性を唱えたのはストア派（禁欲主義）である。

2◎ 正しい。アリストテレスは現実主義の立場に立った。

3× 誤り。弁論術を学ぶことが必要であることを説いたのはソフィスト（古代ギリシアの職業教師）である。ソクラテスは対話を重視する問答法をとった。

4× 誤り。古代ギリシアの哲学者はすべて神話を題材にして発展したのではなく，ロゴス（論理）を重視して発展した。

5× 誤り。理想の境地であるアパテイアに達するためにストア派は禁欲主義を重視した。快楽主義を重視したのはエピクロス派である。

正答 **2**

日記文学

日記文学に関する次の記述のうち，妥当なものはどれか。

> 作品名と作者名を
> 結びつけるのが基本

1 『更級日記』は作者である菅原孝標女の回想によるもので，自分の内面を無遠慮に書いている。

2 『蜻蛉日記』は右大将道綱母によるもので，わが国最古の仮名書の日記文である。一夫多妻制下の女性の苦悩が書かれている。

3 『紫式部日記』は紫式部が出家を望むまでが書かれている。

4 『和泉式部日記』は敦道親王との恋愛と贈答歌を中心に10か月余りの日々を書いている。

5 『讃岐典侍日記』は作者不明だが，宮中の行事や私情が織り混ぜて書かれ，人物批判では有名である。

この問題の特徴

　文学では，日本文学が出題される割合が高くなっています。平安京遷都までの上代文学からの出題はほとんど見られず，古典文学では平安時代・鎌倉時代を中心とする時代から出題されています。本問はその典型問題で，『更級日記』，『蜻蛉日記』，『紫式部日記』，『和泉式部日記』は定番ともいえる作品です。

選択肢の難易度

　5は讃岐典侍藤原長子の回想録の『讃岐典侍日記（さぬきのすけにっき）』ですが，出題率の低い作品で，やや難問です。

解答のコツ

　古典作品と作者名を結びつけて覚えておくことが基本です。さらに作品の内容まで把握しておきましょう。まれに作品の冒頭文が出題され，冒頭文だけでだれの作品かを判断する問題もあります。

解説

1 ✕　誤り。菅原孝標女の著した『更級日記』は自分の内面を無遠慮に書いている日記ではなく，内省的な回想録である。

2 ✕　誤り。わが国最古の日記文は『土佐日記』である。右大将道綱母が著した『蜻蛉日記』は一夫多妻制の苦悩が描かれている。

3 ✕　誤り。『紫式部日記』は紫式部が宮仕えした2年間の記録である。

4 ◎　正しい。『和泉式部日記』は，和泉式部が為尊親王の死後，弟の敦道親王との間に芽ばえた新たな恋愛と贈答歌が記されている。

5 ✕　誤り。『讃岐典侍日記』の作者は讃岐典侍藤原長子である。

正答
4

因数定理

理想解答時間 **3分**

合格者正答率 **70%**

ある素数Aは，自然数m，nを用いて$A=m^3-n^3$と表すことができる。このとき，Aはmのみを用いて表すこともできるが，その式は次のうちどれか。

単なる計算問題ではない

1　m^2-3m+1

2　m^2-3m-1

3　$3m^2+3m+1$

4　$3m^2-3m+1$

5　$3m^2-3m-1$

この問題の特徴

　式の計算，因数分解に加え，素数・因数定理といった知識も必要としているもので，単なる計算問題ではありません。こういった問題は要注意です。

　公式を覚えただけでは，どのように解いていけばいいのかわからず，やはり練習を要します。まずは「式の計算」から始めて，慣れていくことがポイントです。計算力，式の処理は他のテーマでも使うものなのでしっかりやっておくことが有効です。

解答のコツ

　素数とは何かということを考えさせる問題なのです。素数とは，1とその数自身でしか割り切れない数ということから，3次式をまず因数分解することに気づくでしょう。乗法公式を覚えている必要があります。すると次へのステップにつながっていくはずです。あとは式の変形をして，代入することで求めることができます。

解　説

$A=m^3-n^3=(m-n)(m^2+mn+n^2)$

と因数分解できる。素数とは，1とその数自身以外に約数を持たない（割り切ることができない）自然数であることから，Aが素数であるとき，

$m-n=1$ …①

$m^2+mn+n^2=A$ …②

となることは明らかである。そこで①より $n=m-1$　これを②に代入して，

$A=m^2+mn+n^2$

$=m^2+m(m-1)+(m-1)^2$

$=m^2+m^2-m+m^2-2m+1$

$=3m^2-3m+1$

となる。

　したがって正答は**4**である。

正答 **4**

物理

No.20 等加速度運動

理想解答時間
2分

合格者正答率
70%

直線状の道路上で，初め10m/sの速さで走っていた自動車がある。今，運転手がアクセルを踏んで，3 m/s²の加速度で加速したところ，自動車の速さは40m/sに達した。アクセルを踏んでから40m/sの速さになるまでに自動車が走った距離として正しいものは次のうちどれか。

公式を覚えて代入すればよい

1 100m

2 150m

3 200m

4 250m

5 300m

この問題の特徴

　物体の運動の等加速度運動は毎年どこかで出題されるくらい頻出です。公式を覚えて，そこに数値を代入すればよいといった問題ですが，公式が定着していないと解けないといったわけではないので，問題のタイプ，それに添ったテクニックも知っておきたいところです。

解答のコツ

　等加速度運動の性質を理解して公式を覚えておくことです。加えて，グラフ化することを知っていると公式を忘れていても処理することが可能となるので注意しましょう。また，グラフはパターンを変えて出題されることがあるため，押さえておきたいところです。

解説

　物体の加速度を a(m/s²)，初速度を v_0(m/s)とし，時刻 t(s)における速度を v(m/s)，変位を x(m)とすると

$$v = v_0 + at \cdots ①$$

$$x = v_0 t + \frac{1}{2}at^2 \cdots ②$$

$$v^2 - v_0^2 = 2ax \cdots ③ \quad が成り立つ。$$

これが等加速度運動の公式である。

　$v_0 = 10$，$a = 3$，$v = 40$ を③に代入し

$$40^2 - 10^2 = 2 \times 3 \times x$$

$$6x = 1500$$

$$x = 250$$

　よって，正答は**4**である。

（別解）

　$v_0 = 10$，$v = 40$，$a = 3$ を①に代入し，$t = 10$(s)　これを②に代入する。もしくは，右グラフを利用して面積を求める。v-t グラフと t 軸が囲む部分の面積が移動距離に等しいことを知っておこう。

正答
4

No.21

混合気体の化学反応

理想解答時間 **3分**　合格者正答率 **50%**

窒素，酸素，水素の混合気体が標準状態で33.6ℓ存在している。今，酸素と水素を反応させたところ，酸素がすべて消費され，水7.20gが生成した。水を除去し，残った水素と窒素を反応させたところ，8.96ℓのアンモニアが生成し，水素が残った。残った水素の量は何ℓか。ただし，気体は標準状態で1mol=22.4ℓとし，水は1mol=18.0gとする。

化学反応式を正確に作れるか

1　1.12ℓ

2　2.24ℓ

3　3.36ℓ

4　4.48ℓ

5　5.60ℓ

この問題の特徴

　化学反応式を作ること，物質量を求めることは，化学において基本といえます。また，気体の性質に関しては頻出で，これに加えて無機化学を絡めて出題されることも少なくありません。

　この問題は，水の生成とアンモニアの生成といった必ず覚えておかないといけない2つの化学反応を取り上げています。

解答のコツ

　まず，問題を読んで，整理して，順に処理できること。また単位の，リットルとグラムとモルがきちんと理解できていて，計算ができることでしょう。そうでないと，何から手を着けてよいのかがわからなくなってしまいます。ひとつずつあせることなく片づけていきましょう。また，化学反応式が正確に作れるかどうかがポイントです。係数が正しいかよくチェックしてください。

解説

　生成した水7.2gは，$7.2 \div 18.0 = 0.40$(mol)
水が生成する反応は，

$$2H_2 + O_2 \rightarrow 2H_2O$$

なので，水素は0.40mol消費され，酸素は最初0.20molあった。生成したアンモニア8.96ℓは，$8.96 \div 22.4 = 0.40$(mol)
アンモニアが生成する反応は，

$$N_2 + 3H_2 \rightarrow 2NH_3$$

なので，水素はさらに0.60mol消費され窒素は最初0.20molあった。最初の混合気体33.6ℓは，$33.6 \div 22.4 = 1.50$(mol)なので，最初に水素は，

$$1.50 - 0.20 - 0.20 = 1.10(\text{mol})$$

あった。そして残った水素は，

$$1.10 - 0.40 - 0.60 = 0.10(\text{mol})$$

なので，

$$22.4 \times 0.10 = 2.24(ℓ)$$

である。よって，正答は**2**である。

正答 **2**

元素の単体の性質

理想解答時間 2分　合格者正答率 50%

5つの元素N, C, S, Na, Neの単体の性質に関する次の記述のうち，誤っているものはどれか。

1 N —— 通常無色無臭の2原子分子の気体で反応性が高い。エネルギーを得ると有色刺激臭の3原子分子になる。後者は特に反応性が強い。

2 C —— 2種類の共有結合の結晶を作る。一方は比較的軟らかく，電気を通すが，他方にはこの性質はない。どちらも燃焼すると無色無臭の気体となり，それを水に溶かすと弱酸性を示す。

3 S —— 分子結晶で電気を通さずもろい。燃焼すると刺激臭のある気体となり，それを水に溶かすと弱い酸性を示す。

4 Na —— 自由電子を持つ固体で電気を通す。水に浮き，冷水に入れると激しく反応して溶ける。

5 Ne —— 単原子分子の気体である。電子配置が安定していてほとんど反応を起こさない。

出題される元素には傾向がある

この問題の特徴

　周期表と元素の性質は，金属，非金属ともに頻出です。出題される元素には傾向が見られるので，よく取り扱われている元素は問題を通して認識するとよいでしょう。この問題の5つも，いずれも頻出です。

　また，誤っているものを選ぶというところにも注意しましょう。そして，解説にもあるように，どの点が誤っており，他の物質に当てはまるかどうかといったところまで学習しておくとよいでしょう。

選択肢の難易度

　この問題では選択肢4と5は簡単に正しいとわかります。1と2と3は，よく学習していないと，全文が正しいかどうかは判断できない人も少なくないでしょう。

解答のコツ

　正しいとわかりやすい選択肢から消していき，持っている知識で考慮していくことになります。たとえば，選択肢1中の有色刺激臭の3原子分子はO₃（オゾン）ではな

いかと推測できればよいでしょう。

解説

1×　誤り。本肢の記述に当てはまるのはO（酸素）である。窒素分子N_2は反応性が低く，また通常3原子分子にはならない。

2○　正しい。ダイヤモンドと黒鉛はともにC（炭素）の共有結合の結晶であるが，結晶構造が異なるため，ダイヤモンドが硬く電気を通さないのに対して，黒鉛は軟らかく電気を通す。また，燃焼してできるCO_2は，水に溶けるとH_2CO_3（炭酸）を生じ，弱酸性を示す。

$$CO_2 + H_2O \rightleftarrows H_2CO_3 \rightleftarrows 2H^+ + CO_3^{2-}$$

3○　正しい。S（硫黄）は分子式S_8の分子による分子結晶をつくる。燃焼してできるSO_2は水に溶けてH_2SO_3（亜硫酸）を生じ，弱酸性を示す。

4○　正しい。Na（ナトリウム）はアルカリ金属に属し，水と激しく反応してNaOH（水酸化ナトリウム）を生ずる。

5○　正しい。Ne（ネオン）は，希ガスに属し，反応性は極めて低い。

　よって，正答は**1**である。

正答 1

好気呼吸

理想解答時間 **2分**　合格者正答率 **80%**

図は好気呼吸の過程を示す模式図である。これに関する下文のア〜オに当てはまる語として正しいものはどれか。

模式図を生かして考える

```
        Ⅰ                    Ⅱ              Ⅲ
グルコース（ブドウ糖）→ピルビン酸 ─┌─→⬚ → H ─┬──────┐
                  ↓        │ ↺      │      ↓      ↓
                 ⬚        └─⬚  CO₂   ⬚      ⬚
```

好気呼吸はグルコースを酸化分解してエネルギーを取り出す過程である。この反応過程は大きく3つの段階に分けられる。

Ⅰの過程は1分子のグルコースから2分子のピルビン酸ができるまでの反応で、（　ア　）と呼ばれる。Ⅱの過程ではピルビン酸がCO_2とHに分解される。この反応系は（　イ　）の物質名から（　イ　）回路と呼ばれる。ⅠとⅡで生じたHはⅢの過程で（　ウ　）になる。この反応系を水素伝達系という。Ⅰの過程は細胞質基質で行われ、Ⅱの過程とⅢの過程は細胞内の（　エ　）で行われる。この3つの過程で（　オ　）の形でエネルギーが取り出される。

1 ア──解糖系　　**2** イ──オルニチン　　**3** ウ──NH_3

4 エ──リボソーム　　**5** オ──ADP

この問題の特徴

呼吸とその仕組みについては，全国型では特によく出題されています。この問題は呼吸（好気呼吸）の過程を問うもので，模式図があって基本といえます。しかし，空欄補充の型式なので，用語をしっかりと覚えていないと，また，この型式に慣れていないと難しく感じるかもしれません。

解答のコツ

好気呼吸の3つの段階を覚えていることがまず重要です。名称だけで，この問題は**1**が正答とわかるので，他をよく知らなくても正答はできます。しかし学習する際は，名称とそれぞれの仕組みをしっかり理解しておきましょう。

解説

好気呼吸の過程を大まかに記す。

第1段階：EMP経路（解糖作用）－グルコースが分解されピルビン酸（2分子）になるとともにATP（2分子）が生成される。

第2段階：クエン酸回路（TCA回路，クレブス回路とも呼ばれる）－ピルビン酸（1分子）と水（3分子）を二酸化炭素（3分子）と水素原子（10原子）に分解する。

第3段階：水素（電子）伝達系－酵素が基質から外した水素をチトクロームに次々と伝達する。その間に放出されたエネルギーでATPを作り，最終的には水素がチトクローム酸化酵素により酸素と結合して水となる。

3つの過程全体で38分子のATPが生じる。

以上より，ア：解糖系，イ：クエン酸，ウ：水，オ：ATPとなる。なお，エはミトコンドリアが正しい。

よって，**1**が正答となる。

正答 **1**

ヒトの器官

理想解答時間　1分
合格者正答率　80%

ヒトの臓器の機能に関する次の文章のうち，正しいものはどれか。

1　血液は心臓から肺に，また，全身に送られるが，4つの心房・心室の中で左心室の筋肉が最も厚い。

2　肺は心臓と同じ種類の筋肉でできており，自ら伸縮を繰り返す。

3　たんぱく質や脂肪は胃でアミラーゼや脂肪酸に分解され，小腸の柔毛で吸収される。

4　リパーゼというホルモンは胆のうから分泌され，脂肪の分解を促す。

5　膀胱は尿のろ過を行い，体に必要な糖やアミノ酸を再吸収する。

日常の知識を
生かせる

この問題の特徴

　ヒトの器官の働きに関する問題です。体液，血液や，臓器の機能に関する問題は頻出で，必ず押さえておきたいテーマです。

　この問題は，比較的易しく，学習を始めてすぐに覚えるような臓器に関しての説明の選択肢なので，誤りの箇所もわかるでしょう。文章も短かく，まずはこのくらいから確実に正答したいです。

選択肢の難易度

　この問題では，選択肢の難易度をあまり明確に格付けできません。すなわち同レベルの知識なので，個人で感じ方が異なると思われます。肺と心臓，たんぱく質と脂肪，腎臓や肝臓の働きなど，頻出項目を比較しながら学習，覚えていくとよいでしょう。

解答のコツ

　まず全体を通して読み，すぐに誤りとわかるものから消去していきます。ここでいくつ消せるかがポイントなのですが，学習をしていくと少しずつ理解が深まるのでより容易に消去できるようになります。

解説

1◎　正しい。血液は全身→大静脈→右心房→右心室→肺動脈→肺→肺静脈→左心房→左心室→大動脈→全身と巡る。大動脈を通じて全身に血液を送る左心室の筋肉が最も発達している。

2×　誤り。肺は筋肉からできているわけではなく，横隔膜や肋間筋によって外から膨らまされている。

3×　誤り。胃ではペプシンによってたんぱく質がアミノ酸に分解され，小腸ではリパーゼによって脂肪はグリセリンと脂肪酸に分解される。

4×　誤り。リパーゼはすい臓から分泌される。胆のうから分泌されるのは胆汁で，脂肪を乳化することで脂肪を分解するリパーゼの働きを助ける。

5×　誤り。腎臓が血液の血しょうから尿をろ過し，また，必要な糖や無機塩類を再吸収する。膀胱は腎臓が排出した尿をためておく機能を持つ。

PART
III

過去問の徹底研究

正答
1

地震

理想解答時間 **2分**　合格者正答率 **90%**

地震に関する次の記述において，下線部ア～オのうち正しいもののみをすべて挙げているのはどれか。

「地震波にはS波，P波，表面波の3種類があり，その速度は(ア)S波＞P波＞表面波の順である。ある観測点におけるS波とP波の到着時刻の差を初期微動継続時間といい，(イ)震源からの距離が遠いほどその時間は長い。震源の決定には，(ウ)少なくとも3つの観測点における地震波の到着時刻に関するデータが必要である。北海道や東北地方など東北日本での地震の起こり方は特徴的で，震源の深さは(エ)太平洋側で浅く，大陸側で深くなっている。地質の規模を表すにはマグニチュードと呼ばれる数値が使われるが，(オ)マグニチュードが1増加すると地震のエネルギーは約10倍になる。」

1 ア，イ，ウ，オ　　**2** ア，イ，エ，オ　　**3** イ，ウ，エ

4 イ，ウ，オ　　**5** イ，エ，オ

大きな災害があったら要注意

この問題の特徴

　地震に関する問題は頻出で，要注意です。特にこの問題は，必ず押さえておきたいポイントがしっかり表現されています。

　問われている内容は決して難しいものではないのですが，ア～オの5つのうち，「正しいもの」がいくつあるのかが（3つか4つ）わからないので，1つだけ正答を選ぶ形式に比べると難しくなっています。

　学習を始めたばかりだと50％くらいの正答率でも，必ず上昇していきます。

解答のコツ

　まず選択肢を見て，イが正しいことはわかります。次に自分の知識で対応できるものを見つけます。たとえばアは比較的易しく，初期に覚える項目です。ウ，エ，オのうち，エかオがわかりやすいと思われます。

解説

ア×　誤り。S波はSecondary waveの頭文字，P波はPrimary waveの頭文字からとられたもので，文字どおり，S波は2番目に記録される波，P波は最初に記録される波を意味する。すなわち，速さの順はP波＞S波＞表面波の順である。

イ○　正しい。P波が到着してからS波が到着するまでの時間が初期微動継続時間であり，P波とS波が同じ経路を伝わってきたとすれば，初期微動継続時間は震源までの距離に比例し，震源までの距離が遠いほど初期微動継続時間は長いといえる。

ウ○　正しい。3つの観測点における初期微動継続時間がわかれば，作図法によって震源を特定することができる。

エ○　正しい。東北日本で起こる地震の震源の分布は，日本列島から日本海にかけて30～45°の角度で傾いた面に沿って次第に深くなっている。

オ×　誤り。マグニチュードが1増えると地震の規模（放出されたエネルギーの量）は約30倍になる。

　よって，正答は**3**である。

正答 3

現代文（要旨把握）

よく出る
タイプの文章

次の文の要旨として妥当なものはどれか。

　正しい，そして深い経験から出て来る言葉は，形容するのがむつかしい一種の重みをもっている。それは，あるものを表現する言葉の本当の説明は事柄そのものの中に在るからである。こういう表現の正しい使用は決して容易ではないし，また即席に生れてくるものでもない。ものについてしか思索しない，というアランの信条はこのことを言っているのだとしか思えない。

　言葉には，それぞれ，それが本当の言葉となるための不可欠の条件がある。それを充たすものは，その条件に対応する経験である。ただ現実にはこの条件を最小限度にも充たしていない言葉の使用が横行するのである。経験とは，ある点から見れば，ものと自己との間に起る障害意識と抵抗との歴史である。そこから出て来ない言葉は安易であり，またある意味でわかりやすい。社会の福祉を論ずるにしても，平和を論ずるにしても，その根底となる経験がどれだけ苦渋に充ちたものでなければならないかに想到するならば，またどれだけの自己放棄を要請しているかに思いを致すならば，世上に横行する名論卓説は，実際は，分析でも論議でもなく，筆者の甘い気分と世渡りと虚栄心とに過ぎないのである。どんなに論理の精緻明快を工夫してみたところで，それは一文の足しにもならないのである。僕は一種のモラリスムから体験主義を礼讃しているのではない。僕のいう経験はいわゆる体験とは似ても似つかないものなのである。体験主義は一種の安易な主観主義に堕しやすいものであり，またそれに止まる場合がほとんどつねである。

1　単なる体験主義ではなく，ものと自己との間に起こる障害意識と抵抗との歴史ともいえる経験に根ざして，初めてものに即した本当の言葉が生まれる。

2　ものそのものを本当の言葉で正しく表現するためには，自己犠牲を伴う苦渋に充ちた経験が必要である。

3　正しく深い経験は一種の重みをもつ言葉を生むが，自己の主観にとどまる体験は安易で過剰な言葉しか生まない。

4　現実の言葉の多くは，ものとの安易な妥協から生まれた単なる観念の遊戯にすぎず，事柄そのものを表現できていない。

5　社会の福祉や平和を論ずるときには，ものと自己との間に起こる障害意識と抵抗とを通じて習得される一種の重みをもつ言葉を使用すべきである。

この問題の特徴

　文章が全体として述べていることを解答させる「要旨把握」という出題形式で，頻出の出題形式です。

解説

1◎　正しい。「経験とは，…ものと自己との間に起る障害意識と抵抗との歴史」とあり，文末では，経験と体験が異なるものだと述べている。

2×　誤り。自己犠牲ではなく，自分の主観にとらわれる主観主義を排除し，自己放棄をすることが必要不可欠になると述べている。

3×　誤り。体験主義は安易な主観主義に陥りやすいが，「過剰な言葉しか生まない」と述べる文章ではない。

4×　誤り。ものとの安易な妥協から生ずる観念の遊戯には言及していない。

5×　社会の福祉や平和を論ずるときには，重みをもつ言葉を使うべきだとはしていない。

正答
1

現代文（要旨把握）

理想解答時間 5分　合格者正答率 70%

自然科学の専門知識は不要

次の文の要旨として，妥当なものはどれか。

　人間は「早産動物」だといわれる。あと一年は，母親の胎内にいてもよかったのではないかということであろうか。他の動物の子どもにくらべて，人間の赤ん坊はあまりにも未熟でか弱く，無力なまま生まれてきたように見える。

　このことは，生物学や進化論の立場から興味ぶかい問題をはらんでいるが，ここでそれに立ちいる余裕はないし，また人間の新生児が果して無力なのかについての論議も，いまはひかえておこう。ここではつぎのことをいっておきたい。生物としてのかか弱いままの出生ということを一応認めた上で，それを逆から考えるなら，人間という種は，その出生の直後から，おとなたちの手厚いはたらきかけと庇護のあることを前提とし，その約束のもとに生み落されてくると考えられるのである。

　言いまわしをもてあそぶようだが，人間は生まれる瞬間から，周囲とのあつい人間関係にたよることを前提としている動物なのである。まさに，その意味で人間は最初から社会的動物というべきなのであろう。はじめは一人ぼっちで非社会的であった赤ん坊が，徐々に周囲の人と交渉を重ねることにより，最後にようやく社会的存在にたどりつくという考え方が一般に常識化しているが，人間は生まれたときから（あるいは生まれる前からという方が正しいかもしれないが），何よりも社会的動物なのである。このことは，くりかえし確認しておいていいと思う。人間の子どもは「かれを大切に」愛さざるをえないでいる人びとのなかへ，そして自分もそれに十分応えうる存在として生まれ出てくる。最初から「人間の絆」を，生きるため，発達するための必須の条件として生まれてくる動物なのである。

1 人間は「早産動物」であり，あと1年は母親の胎内にいてもよかったと思われ，このことは，生物学や進化論の立場から興味深い。

2 人間は，生まれる瞬間から周囲との厚い人間関係に頼ることを前提としている社会的動物である。

3 人間の赤ん坊は，最初は非社会的であり，徐々に周囲の人と交渉を重ね，ようやく社会的存在となる。

4 人間の子供は「かれを大切に」愛さざるをえないでいる人々の中へ生まれ出るが，子供自身はそれを意識していない。

5 人間は，生物としてか弱く出生するが，人間の新生児が果たして無力なのかどうかは一概には言えない。

この問題の特徴

　自然科学に関連する文章が題材となることもありますが，専門的な知識が必要とされることはなく，あくまでも文章で述べられていることを読み取れているかが問われています。

解説

1×　誤り。書き出しの部分のみの内容なので，文章全体の要旨とはいえない。

2◎　正しい。文章全体の要旨である。

3×　誤り。「人間の赤ん坊は，最初は非社交的で……」ということは一般に常識化しているが，筆者は最初から社会的動物だと考えるのである。

4×　誤り。「子供自身はそれを意識していない」とは本文では述べていない。

5×　誤り。人間の新生児が無力なのかどうかについての論議は控えておこう，と筆者は書いている。「一概に言えない」かどうかは，本文の範囲ではわからない。

正答
2

現代文（空欄補充）

理想解答時間 4分　合格者正答率 80%

前後との
整合性で考える

次の文の空欄A～Dのいずれにも入らない語はどれか。

　ある人がなし得るところを，ある人はなし得ない。ある人が到達し得るところに，ある人は到達し得ない。　A　ある事をなし得るか得ないか，ある点に到達し得るか得ないかを主要問題とする時，各個人の天分は，その性質について問題となるのみならず，またその大小強弱について問題となる。この方面から見れば，各個人の価値は，ほとんど宿命的として決定されていることは否むことはできない。　B　観察の視点を，外面的比較的の立脚地より，内面的絶対的の立脚地に移し，成果たる事業の重視より，追求の努力の誠実の上に移し，天分の問題より，意思の問題に移すとき，吾人の眼前には，忽然として新たなる視野が展開する。　C　いかんともすべからざる対象として厳存せしものは容易に融和する。　D　一切の精神的存在は同胞となって相くつろぐ。この世界においては，各の個人が，その与えられたる天分に従って，それぞれ，かれ自身の価値を創造するのである。

1 しかし

2 従来

3 そうして

4 故に

5 むしろ

この問題の特徴

　空欄補充問題も数年おきに出題されています。前後の文章との整合性があるものを選ぶようにしましょう。

　本問では，空欄に入るのはいずれも単語なので，比較的易しい問題といえます。

解説

　Aは，前の文章の内容を受けて，その内容を用いて後の文章において1つの結論を示しているので，**4**の「故に」が入る。

　Bでは，Aの後の文章で示された1つの結論には別の見方があり，その見方によれば，まったく別の結論も存在することになっているので，**1**の逆接「しかし」が入る。

　Cは，Bの後の内容を受けて，その新しい結論はいままでの「いかんともすべからざる」ものを実際に容易に可能なものにできることを述べた文章なので，**2**の「従来」が入る。

　Dは，前の文章を受けているので，**3**の順接「そうして」が入る。

　よって，**5**の「むしろ」がどの空欄にも入らない。

PART III　過去問の徹底研究

正答 **5**

古文（内容把握）

理想解答時間 **5分**　合格者正答率 **60%**

> 古文の
> 分量としては
> 標準的

次の古文の内容に合致するものはどれか。

　船の路。日のいとうららかなるに，海の面のいみじうのどかに，浅緑の擣ちたるを引きわたしたるやうにて，いささか恐ろしき気色もなきに，若き女などの，袙・袴など着たる，侍の者の，若やかなるなど，櫓といふもの押して，歌をいみじう唄ひたるは，いとをかしう，やむごとなき人などにも見せたてまつらまほしう思ひいくに，風いたう吹き，海の面ただ悪しに悪しうなるに，ものもおぼえず，泊るべきところに漕ぎ着くるほどに，船に浪のかけたるさまなど，片時に，さばかり和かりつる海とも見えずかし。
　（中略）
　「海はなほ，いとゆゆし」と思ふに，まいて，蜑の潜きしに入るは，憂きわざなり。腰に着きたる緒の絶えもしなば，「いかにせむ」とならむ。男だにせましかば，さてもありぬべきを，女はなほ，おぼろけの心ならじ。舟に男は乗りて，歌などうち唄ひて，この栲縄を海に浮けて歩く，危ふく，後めたくはあらぬにやあらむ。「のぼらむ」とて，その縄をなむ引くとか。まどひ繰り入るるさまぞ，ことわりなるや。舟の端をおさへて放ちたる呼吸などこそ，まことに，ただ見る人だにしほたるるに，落し入れてただよひ歩く男は，目もあやに，あさましかし。

1　海は穏やかで，貴人に見せたいほど美しく，無事に港に着くことができた。

2　船頭のまねをして自分も櫓というものを押してみたが，重くて少しも動かなかった。

3　海が荒れているのにもかかわらず潜って働く海女の姿に，涙が出るほど感動した。

4　海女を潜らせて，男は船の上で歌を歌っているだけなのにはあきれてしまった。

5　海から上がった海女は，怠け者の男の姿を見て深いため息をついていた。

この問題の特徴

　清少納言『枕草子』を出典とする問題です。随筆や説話集が出典となることが多く，本文の分量は標準的です。

解説

1✕　誤り。穏やかだった海が荒れてきて，無我夢中で船を漕いで港に着いたとあるので，穏やかなまま港に着いてはいない。

2✕　誤り。櫓を押したのは「侍の者の，若やかなる」であり，作者ではない。

3✕　誤り。海女が作業中の海が荒れていたのかどうかはわからない。

4◎　正しい。最後の文で述べている。

5✕　誤り。海女が「放ちたる呼吸」はため息ではなく，潜水後の呼吸法の一つである。男の姿を見て呼吸しているのではない。

正答 **4**

英文（内容把握）

理想解答時間 **5分**　合格者正答率 **60%**

下文の内容と一致するものはどれか。

What is the inevitable result if the increase of population is not checked ?　There must be a very general lowering of the standard of life in what are now prosperous countries.　With that lowering there must go a great decrease in the demand for industrial products.　There will be a uniformity of misery, and the Malthusian law will reign unchecked.　The world having been technically unified, population will increase when world harvests are good, and diminish by starvation whenever they are bad.　Most of the present urban and industrial centres will have become deserted, and their inhabitants, if still alive, will have reverted to the peasant hardships of their mediaeval ancestors.　The world will have achieved a new stability, but at the cost of everything that gives value to human life.

> 地球規模の社会問題はよく出る

1 人口増加がこのまま続くと現在の都市や工業の中心地は荒廃し，生き残った人々の生活水準は著しく低下するだろう。

2 人口が増加していく中で人類の生存がなお可能だとすれば，生き延びるのは豊かな都市生活者ではなく，中世の農民のように不自由な暮らしに耐えている人々だろう。

3 増加する人口を維持するには農業を重視しなければならず，そのため工業は衰退し，現在の都市は荒廃するだろう。

4 人口増加が続いても工業技術が世界的に均質化されれば，現在繁栄している国の生活水準は下がるが，世界は新たな安定を取り戻すだろう。

5 現在食糧と人口のバランスが崩れているが，世界が新しい安定を得るには，飢餓による人口減少という極めて大きな犠牲を払わねばならないだろう。

PART III 過去問の徹底研究

この問題の特徴

　地球規模での社会問題に関する英文はよく出題されます。本問の文章は比較的短いので，正答しておきたい問題です。

解　説

1◎　正しい。文章の中盤で述べている。
2×　誤り。現在中世の農民のように不自由な暮らしに耐えている人々だけが生き延びていくとは述べていない。
3×　誤り。「農業の重視」ということは述べていない。工業の衰退も正確ではなく，指摘されているのは工業製品に対する需要の低下である。
4×　誤り。世界が安定を再び取り戻すのは，工業技術の世界的均質化だけに負うの

ではない。人口減少にも触れる必要がある。

5×　誤り。4と同様に，「犠牲」として指摘されているものとして，人口減少だけを挙げるのは適切ではない。人間生活に価値を付与するようなものすべてに触れる必要がある。

正答 **1**

英文（内容把握）

理想解答時間 **5分**　合格者正答率 **70%**

> 日本と外国の比較は外国人の視点で

次の英文の内容と合致するものとして，妥当なものはどれか。

With regard to NGOs' relationships with governments, in several North European nations, problems related to development, human rights, the environment, and so on are actually considered the primary responsibility of NGOs, rather than that of the government. Consequently, individuals who do research in these areas tend to congregate in NGOs, and it is easy for these groups to raise funds.

Japanese NGOs, on the other hand, share the ideal of wanting to provide assistance, but it is often said that from an international perspective they do not translate this desire into specific action. While European governments and NGOs have their respective roles in international conferences, in the case of Japan, the government tends to assume responsibility for all the expected roles.

1 北欧諸国では，開発，人権，環境などの問題を解決することは，NGOには責任が重すぎるため，もっぱら資金力のある政府の仕事とされている。

2 北欧諸国では，開発，人権，環境などの課題は，政府よりNGOが第一に取り組むものであり，政府は人材や資金の提供をNGOに行うこととされている。

3 日本のNGOは，自らの要求を行動に移すときに国際的な展望には欠けるが，理想的な援助精神は持っている。

4 日本のNGOは，援助したいという思いはあっても，国際的視野から見れば，具体的な行動に移していないといわれている。

5 日本の政府は，国際会議においてヨーロッパの政府とNGOが互いに役割を果たしているのに比べ，政府に期待される任務から責任を回避する傾向がある。

この問題の特徴

日本と外国の制度を比較する文章です。このような場合，外国人の視点から書かれていることが多いので，先入観にとらわれないようにしたいです。

解説

1✕ 誤り。第1段落から，北欧では政府よりもNGOが中心になっていて，資金も集めていることがわかる。

2✕ 誤り。「政府は人材や資金の提供をNGOに行うこととされている」とは述べていない。政府を特に介さずに人材や資金が集まっている。

3✕ 誤り。日本のNGOは自らの思いを行動に移していない，と国際的視野からはよくいわれる。

4◎ 正しい。第2段落の第1文〜第3文にある。

5✕ 誤り。本肢の後半は本問の内容と逆。日本の政府は全責任を負っている。

正答 **4**

英文（内容把握）

猫の家畜化の歴史について述べた次の文の内容と一致するものはどれか。

歴史や文化に
関する英文は
難しく感じられる

A cat jaw-bone was discovered in 1983 when excavating at the Neolithic settlement in Cyprus and has been found to date from 6000 B.C.. The important point about its location is that Cyprus has no wild cats and this means that the animal must have been brought over to the island by the early human settlers. We know that they brought other domestic animals with them but it is inconceivable that they would have taken a wild cat from the mainland. A scratching and panic-stricken wild cat would have been the last kind of boat-companion they would have wanted. Only tame, domesticated animals could possibly have been part of the goods of that early band of pioneers on board.

It seems almost certain, therefore, that cats had already been tamed and domesticated on the nearby mainland by 6000 B.C.. Crops were already being grown and were attracting rats in large numbers. So the cat was badly needed.

Indeed, cat bones have been found also at human settlements on the mainland as early as nine thousand years ago. There were plenty of wild cats living in the nearby countryside and the inhabitants may simply have eaten them. The bones provided no proof of taming. But this new bone is much stronger evidence.

1 キプロス島には山猫はいないので，新石器時代の移民が本土の山猫を連れてきて飼いならしたに違いない。

2 キプロス島で発見された猫の骨は，ペットが野生化した猫のものであることが判明した。

3 山猫は航海仲間としては最悪であり，昔の移民たちが本土から山猫を連れてきたはずない。

4 キプロス島の紀元前6000年の遺跡から発見された猫の骨は山猫のものなので，この時代に農業が行われていたことを示す証拠にはならない。

5 紀元前6000年にはすでに作物が栽培されネズミが集まったので，猫が必要とされたが，9000年前にはまだその必要がなかった。

この問題の特徴

　日本とまったく関連のない文章が出題されることは珍しいのですが，歴史や文化に関する文章という意味では，しばしば出題されるタイプの文章ともいえます。

解説

1×　誤り。山猫を船荷にしたとは考えられない，本土ですでに飼い慣らされていた猫を移住者が島に持ち込んだに違いない，と述べている。

2×　誤り。「ペットが野生化した猫」とは述べていない。

3◎　正しい。だから当時すでに飼い慣らされていた猫を持ち込んだのだろう，と述べている。

4×　誤り。その骨は山猫のものではない，と述べている。

5×　誤り。紀元前6000年までにすでに穀物栽培が始まっていた，とある。9000年前（紀元前7000年）については，猫が家畜化されていた証拠はない，とあるが，ネズミが多くて猫が必要とされたか否かについては明確に述べていない。

正答
3

英文（空欄補充）

理想解答時間 **4**分　合格者正答率 **50**%

次の英文の空所Aに該当する語として，最も妥当なのはどれか。

特別区では
毎年出ている

Very early in our childhood we are taught that you can't have your cake and eat it, and this is only putting in another way the fact that you can't use the same resources to produce two separate things at the same time.　If you want to grow cabbages on a bit of land you cannot also use it for a tennis court ; if you spend a couple of hours in a cinema you can't also use them for digging the garden or painting a picture or mending the boots.　You have to 　A　 which of the many possible uses to which you could put the same materials or the same time is the one you prefer, in the knowledge that the price you pay consists of all the other alternatives you have thereby* given up.

（龍口直太郎・清水良雄「現代作家選　第3集」による）
　＊thereby ……それによって

1　abandon
2　choose
3　confuse
4　describe
5　suffer

この問題の特徴

　特別区では，空欄補充問題は毎年出題されています。東京都でも数年おきに出題されます。前後の文章との整合性があるものを選ぶようにしましょう。

解説

　空欄の直後にwhich があるが，次にwhich が続く動詞としては，**2**のchoose（選択する），**3**のconfuse（混同する），**4**のdescribe（説明する）が考えられる。**1**のabandon（断念する），**5**のsuffer（被る）については，疑問代名詞のwhich が続くのは不自然であり，語句の意味のうえでも適合しない。

　さらに，空欄を含む文は「さまざまな使用の可能性のうち，いずれに資源や時間を費やしたいと思うかを～しなければならない」という文意なので，confuse（混同する）は適さない。また，describe よりもchoose のほうが自然である。

　よって，正答は**2**である。

正答
2

英文（会話文）

理想解答時間 ▼▼▼▼ 4分　合格者正答率 70%

> 英会話にも
> 慣れておこう

次の英文ア～オのうち，質問（Q）に対する返事（A）が正しいものを選んだ組合せとして，妥当なのはどれか。

ア　Q : How do you get on with people with different characteristics from your own ?
　　A : The first character is *tomo*, which means wise.　*Ko*, the second one, means child.

イ　Q : What part of the paper do you read first ?
　　A : I glance at the front page headlines, and then I turn straight to the readers' letters.

ウ　Q : What did you major in ?
　　A : Last year they won both the League Pennant* and the All-Japan Championship.

エ　Q : Where does your company send you ?
　　A : So far I've only been on trips inside Japan, but I'm going to be sent abroad next year.

オ　Q : How often do you get a check-up ?
　　A : I eat three meals a day; the biggest is my evening meal.

（山本圭介・P. Snowden「自己紹介の英語」による）
　＊Pennant……優勝旗

1　ア　ウ
2　ア　エ
3　イ　エ
4　イ　オ
5　ウ　オ

この問題の特徴

東京都や特別区では会話文が時折出題されます。社会問題を論ずるような文章とは趣が変わるので，英会話に慣れていないと難しく感じるかもしれません。

解説

ア×　誤り。質問の characteristics は「性格」という意味，返事の character は「文字」という意味で使用されている。

イ○　正しい。質問の paper は「新聞」という意味である。

ウ×　誤り。質問の「major in ～」は「～を専攻する」という意味であるが，返事は野球チームの話になっている。

エ○　正しい。出張の行き先に関する会話になっている。

オ×　誤り。質問の check-up は「健康診断」という意味であるが，返事は食事についてのものになっている。

以上から，イとエが正しく，**3**が正答である。

正答
3

ベン図

ある町の新聞（A新聞からD新聞の4紙）の購読状況について以下のことがわかっているとき，確実にいえることはどれか。

・A新聞をとっている家はB新聞もとっている。
・A新聞をとっている家はC新聞もとっている。
・B新聞とD新聞の両方をとっている家がある。
・C新聞とD新聞を両方とっている家はない。

1 C新聞をとっている家でB新聞をとっていない家がある。
2 B新聞をとっている家はA新聞をとっている。
3 B新聞をとっている家の中でC新聞をとっていない家がある。
4 B新聞をとっている家はC新聞もとっている。
5 D新聞をとっていてB新聞をとっていない家がある。

ベン図の使い方を
覚えよう

この問題の特徴

解説にあるような「ベン図」を使って考える問題です。ベン図によって関係を視覚的に表すことが解答につながります。

解説

与えられた文章を「pならばq」の形の命題で読んでみて，記号化すると，

A→B，A→C，B∩D≠ϕ，C∩D=ϕ

（Aは「A新聞をとっている」ことを表す。ϕは空集合を表す）

これをベン図で書き表すと下のようになる。

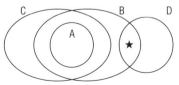

（★は家があることを示す）

1× 下図の斜線部分が，1つも要素を持たないときもあるので確実ではない。
2× B新聞をとっていてA新聞をとっていない家がありうる。下図の②が反例。
3◎ 正しい。★はB新聞をとっていて，C新聞をとっていない。
4× B新聞をとっているが，C新聞をとっていない家がありうる。④が反例。
5× 下図の色の部分が，1つも要素を持たないときもあるので確実ではない。

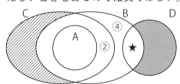

正答
3

順序関係

不等式や数直線で
考える

理想解答時間 3分　合格者正答率 80%

A〜Fの6人で，10,000m競走を行った。その結果について聞いたところ，A〜D
が次のように答えた。

A「私は，Eより後にゴールした」
B「私は，Dより後にゴールした」
C「私は，Eより先にゴールした」
D「私は，Fより先にゴールした」

このとき，全員の着順を確定するためのFの発言として妥当なものはどれか。ただし，同着の者はいなかったものと
する。

1 「私は，AおよびBより後にゴールした」
2 「私は，BおよびCより先にゴールした」
3 「私は，Cより先にゴールしたが，Bより後にゴールした」
4 「私は，Dの次にゴールし，Cより後にゴールした」
5 「私は，Eの次に5着でゴールした」

この問題の特徴

6人の順序を発言の内容から求める問題
です。順序関係は全国型では定期的に出題
されますが，東京都や特別区ではあまり出
題が多くありません。

解答のコツ

順序関係の問題では，与えられた条件を
不等式や数直線で表します。本問では，各
選択肢を最後の条件と考えて，全順位が確
定するものがあれば，それが正答となりま
す。

解説

A〜D4人の発言から確かなことは，C
>E>AとD>B，D>Fだけである（不
等号の左が先の者）。3のB>F>Cがわ
かれば，D>B>F>C>E>Aと全順位
が確定する。

よって，正答は3である。

正答 3

143

対応関係

理想解答時間 **3**分　合格者正答率 **70**%

ハンドバッグ, ショルダーバッグ, トートバッグ, ボストンバッグが1つずつある。それらのバッグはいずれも色が異なっており, 赤, 青, 黒, 茶のいずれかである。また, 持ち主もすべて異なっており, A～Dのいずれかである。これらのバッグの色と持ち主について以下のことがわかっているとき, 確実にいえるものは次のうちどれか。

表を作って埋めていく

・ボストンバッグの色は赤で, 持ち主はBではない。
・ハンドバッグの色は黒または青のどちらかである。
・Aのバッグは黒で, Cのバッグは青である。
・トートバッグの色は茶ではない。

1　Aが持っているのはハンドバッグである。
2　Bが持っているのはショルダーバッグである。
3　Cが持っているのはトートバッグである。
4　Dが持っているのはショルダーバッグである。
5　ハンドバッグの色は青である。

この問題の特徴

対応表を作って考える問題です。多くの問題を解いて対応表の作り方に慣れていけば, 正答率が高くなります。

解答のコツ

本問では, 対応関係が成り立たないものを除いていく（消去法）ことが解答の決め手になります。

解説

赤いボストンバッグの持ち主はBではなく, また, A（黒）, C（青）でもないから, Dが持ち主である。ここから, Bのバッグは茶と決まる。

ハンドバッグの色は黒または青, トートバッグの色は茶ではない（黒または青）となるから, A, Cのどちらかがハンドバッグ, 他方がトートバッグということにな

り, ここからBが持っているのはショルダーバッグとなる。A, Cについてはこれ以上確定することができない。

したがって, 確実にいえるのは**2**だけである。

A	B	C	D
	ショルダー		ボストン
黒	茶	青	赤

正答 **2**

教養試験　地方上級
判断推理

数量関係

理想解答時間　合格者正答率
🦶🦶🦶🦶🦶
5分　**70**%

1〜13までの数字が1つずつ書かれた13枚のカードをA〜Dの4人に配った。以下のことから確実にいえることは次のうちどれか。

・Aは4枚ですべて奇数である。
・Bは4枚で13のカードを持っており，カードの数字の合計は38である。
・Cは3枚で1のカードを持っており，カードの数字の合計は21である。

1　Aは7のカードを持っている。
2　Aは9のカードを持っている。
3　Bは6のカードを持っている。
4　Bは9のカードを持っている。
5　Dは6のカードを持っている。

> 数量関係の
> 絡んだ問題は
> 増えている

この問題の特徴

だれがどのカードを持っているかの対応関係に，数字の合計なども絡んだ問題です。最近は判断推理でも，このような数量関係の絡んだ問題が増えています。

解　説

Bが13，Cが1のカードを持っているということは，残りの奇数のカードは3，5，7，9，11の5枚ということである。

Bの13以外のカードの合計は38−13＝25なので，奇数3枚または奇数1枚と偶数2枚のいずれかの組合せとなるが，Aが奇数4枚なのでBが持っている13以外の3枚の中に奇数は1枚しかありえない。そうすると，Cの1以外の2枚はどちらも偶数で，その2枚の合計が21−1＝20となるのだから8と12を必ず持っていることになる（表Ⅰ）。

8と12を除くと，Bが持っている13以外の3枚の組合せは（6，9，10），（4，10，11）の2通りが考えられ，ここから4

人が持っているカードの組合せは表Ⅱあるいは表Ⅲのようになるので，ここから確実にいえるのは「Aは7のカードを持っている」である。

表Ⅰ

A				4枚	すべて奇数
B			13	4枚	合計38
C	1	8	12	3枚	合計21
D				2枚	

表Ⅱ

A	3	5	7	11	4枚	すべて奇数
B	6	9	10	13	4枚	合計38
C	1	8	12		3枚	合計21
D	2	4			2枚	

表Ⅲ

A	3	5	7	9	4枚	すべて奇数
B	4	10	11	13	4枚	合計38
C	1	8	12		3枚	合計21
D	2	6			2枚	

よって，正答は**1**である。

正答
1

位置関係

次の図のように配置された座席に井上，太田，小川，木村，林，山田の6人が座っている。各人の名前は一郎，二郎，三郎，四郎，五郎，六郎のいずれかである。井上の左隣には木村が座っており，後ろには四郎が座っている。二郎の左隣には山田が座っており，前には六郎が座っている。三郎の前には一郎が座っており，小川が座っているのは一番前の列である。最後列には2人が座っており，そのうちの1人である林は左端の席に座っている。このとき，確実にいえることはどれか。

パズル・ピースで考える

1 最前列には2人が座っている。

2 山田は五郎の前に座っている。

3 林の名前は二郎である。

4 井上三郎は最前列に座っている。

5 太田四郎は最後列に座っている。

前

左　　　　　　　　　　　　　　　右

後ろ

この問題の特徴

それぞれの座席に当てはまる人を求める問題です。

解説

条件からA～C3つの組合せができる。ここで井上について考えると，一郎，二郎，四郎，六郎の可能性はないので，井上は三郎，五郎のいずれかである。

A
木村	井上
	四郎

B
六郎
山田	二郎

C
一郎
三郎

そこで，井上三郎としてみると，表Ⅰ，表Ⅱの2通りが考えられるが，表Ⅰでは最後列が3人になり，表Ⅱでは全体が7人になるので，どちらも条件に合わない。

そこで井上五郎としてみると，井上五郎の座席として表Ⅲ～表Ⅵの4通りが考えられる。しかし，表Ⅲでは最後列が3人，表Ⅳ，表Ⅴでは全体が7人になり，すべての条件を満たすのは表Ⅵだけである。

この表Ⅵから「太田四郎は最後列に座っている」が正しいとわかる。

表Ⅰ

	一郎	
木村	井上	
	三郎	六郎
林	山田	
	四郎	二郎

表Ⅱ

	六郎	一郎
山田	木村	井上
	二郎	三郎
林		
		四郎

表Ⅲ

木村	井上	
	五郎	六郎
林	山田	
	四郎	二郎

表Ⅳ

木村	井上	小川
	五郎	六郎
	山田	
一郎	四郎	二郎
林		
三郎		

表Ⅴ

小川	木村	井上
	六郎	五郎
山田		
	二郎	四郎
林		

表Ⅵ

	小川	
	六郎	
山田	木村	井上
一郎	二郎	五郎
林		太田
三郎		四郎

よって，正答は**5**である。

正答
5

うそつき問題

理想解答時間 **4分**
合格者正答率 **70%**

A～Eは5人姉妹で，それぞれ自分自身について次のように話しているが，次女と四女だけがうそをついている。

A：Bより年下である。

B：三女である。

C：Dより年上である。

D：次女である。

E：Aより年下である。

このとき確実にいえるものは，次のうちどれか。

1 Aは本当のことを言っている。

2 Aはうそを言っている。

3 Bは本当のことを言っている。

4 Cは長女である。

5 Eは五女である。

> だれかを
> うそつきと
> 仮定する

この問題の特徴

いくつかの発言者の中にうそつきが混じっている問題です。

解答のコツ

だれかの発言がうそ（あるいは正しい）であるかを仮定して，結論に矛盾を生じないものの共通点を見ます。うそつき2人のうち1人を見つけておくのが大切です。

解説

次女はうそをついているのだから，自分のことを「次女である」とは言わない。だから，「次女である」と言う者がいれば，それはうそつきである。この場合，Dはうそつきである。しかも，もう1人のうそつきは四女とわかっているから，Dは四女と特定される。

もう1人のうそつき（＝次女）はだれであるかわからないので，順に仮定して次表のように整理していく。

①次女＝Aの場合。A，Dをまず固定し，B，Eを入れて，Cを残る長女に入れる。Cの発言は他と矛盾しない。

②次女＝Bの場合。B，Dをまず固定する。A，Cに関してはCを年上としないと条件は満たされない。

③次女＝Cの場合。条件を満たす組合せはない。

④次女＝Eの場合。E，D，Bをまず固定する。A，Cは自動的に決まる。

	長女	次女	三女	四女	五女
①	C	A	B	D	E
②	C	B	A	D	E
③		C	B	D	
④	C	E	B	D	A

よって，正答は**4**である。

正答 **4**

平面図形

正方形を図のように切断した。欠けているものとして妥当なものは次のうちどれか。

小正方形に
区切って考える

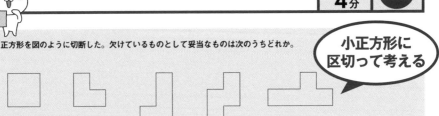

この問題の特徴

分割した正方形のパーツを考える問題です。

解答のコツ

すべての図形を小正方形に区切って考えるのがコツです。そうすれば，小正方形の数をそろえることで各辺の長さをそろえることができます。

解説

与えられた断片は合同な正方形の小ブロックからなるものとみなされる。正方形の小ブロックで正方形を組み立てるのだから，小ブロックの総数は 4・9・16・25・36……のようになる。

与えられた断片には小ブロックの境界は明示されていないが，常識で判断して，合計を出す。4・3・4・4・5で，合計20ある。組み立てられる正方形は小正方形25からなると考えられるので，残る断片は小

正方形 5 個からなるものと考えられる。

下図のように，**5**を用いる。

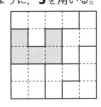

よって，正答は**5**である。

正答
5

円の回転運動

理想解答時間 ▼▼▼▼ 4分

合格者正答率 60%

次の図のように，同じ大きさの三つの円が接している。円Aが円B，円Cの周りを滑ることなく回転してDの位置まできたとき，円Aの矢印の向きはどれか。ただし，円B，円Cは固定されているものとする。

回転角度の考え方を習得しよう

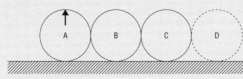

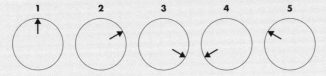

1   2   3   4   5

この問題の特徴

円の回転に伴って，円の中の矢印の向きがどのように変化するかを考えさせる問題です。

解答のコツ

45度や90度回転した段階での矢印の向きを順に確認しながら，どのように変化するかをつかみます。また，回転数（回転角度）は解説中にある公式を使って求めます。

解説

円Aの移動状況は次図のようになる。

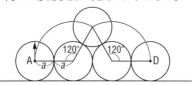

円Aの回転数（回転角度）は，

$$回転数＝\frac{中心の移動した長さ}{円Aの円周の長さ}$$

という公式で求められる。円Aの半径をa，円周率をπとすると，円Aの中心の回転数は「半径$2a$，中心角120°の扇形の弧」2つ分だから，

$$回転数＝\frac{2 \times 2a \times \pi \times \frac{120°}{360°} \times 2}{2 \times a \times \pi}$$

$$＝\frac{4}{3}（回転）$$

$$＝1\frac{1}{3}（回転）$$

つまり，1回転と120°だけ回転する。

初めのAの位置では（↑）のように真上（時計の12時）をさしているから，Dの位置では（↘）のように時計の4時をさす。

よって，正答は**3**である。

正答
3

展開図

理想解答時間 **3分** | 合格者正答率 **70%**

下図のように，2つの表面の一部が着色された正八面体の展開図として，正しいのはどれか。

平行な2つの面を把握しよう

1
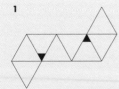

2
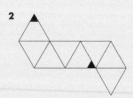

3
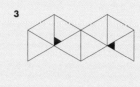

4
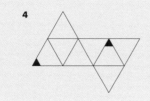

5

この問題の特徴

正八面体の展開図の問題です。正八面体の展開図は理解しておきたいものです。特に，組み立てたときに平行になる2面の位置に注意が必要です。

解説

問題の図では，向かい合った頂点を有するが平行でない2面の向かい合った頂点を含む一部分が着色されている。

1と**3**は着色された2面が平行な面となっているので誤りである。**2**と**4**は着色された部分の2つの頂点が隣り合った頂点となっており，これらも誤りである。**5**が正

しい。各頂点にA〜Fの記号を打って考えると，次の図のようになる。

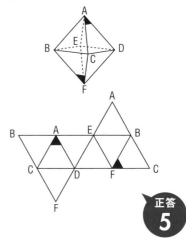

正答 **5**

空間図形の切断

理想解答時間 **2分**　合格者正答率 **80%**

次の図のような，小さな立方体125個を積み重ねて作った大きな立方体がある。この大きな立方体の三つの側面に付けた黒点から，それぞれの反対の側面まで垂直に穴を開けたとき，穴の開いていない小さな立方体の数はどれか。

1段ずつ順番に考える

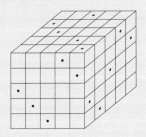

1 60
2 65
3 70
4 75
5 80

この問題の特徴

立方体の切断は頻出のテーマですし，それほど難しくはありません。本問のように小立方体を積み重ねてある場合は，「分割法」により，1段ずつ分けて考えればよいのです。

解説

立体に穴を開けていくので「串刺し問題」と呼ばれている。上から一段ずつ分割して，穴が開いている立方体には印を付けていき，印が付いていないものの数を数えて合計すればよい。

上から1段目～5段目を分割し，真上から見ると次の図のようになる。このとき，上から穴が開いている小立方体には，・印，横から穴を開けたものには，棒——

を付けておく。

ゆえに，穴の開いていない小立方体は，どの段も13個ずつあるから，合計で，13×5＝65〔個〕

よって，正答は**2**である。

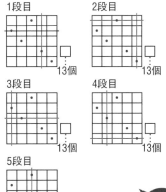

1段目　2段目
13個　13個

3段目　4段目
13個　13個

5段目
13個

正答
2

No.45 数量関係

理想解答時間 **3分**
合格者正答率 **60%**

あるホテルには，A，B，C 3タイプの部屋が合計28あり，Aタイプ1部屋の定員はBタイプ1部屋の定員の2倍，Cタイプ1部屋の定員の3倍である。今，Aタイプの部屋数はそのままにして増築し，Bタイプの部屋数を6倍，Cタイプの部屋数を9倍にしたところ，収容できる定員が以前の3倍となった。このホテルにあるAタイプの部屋数として正しいものは，次のうちどれか。

自然数であることを意識する

1 11部屋

2 12部屋

3 13部屋

4 14部屋

5 15部屋

この問題の特徴

定員の異なる3タイプの部屋の数と総定員に関する問題です。

解答のコツ

部屋数をを x, y, z と置いて方程式を立てると「不定方程式」になるので，「解が自然数になる」条件を上手に用いることが求められます。

解説

A，B，C各タイプの部屋数をそれぞれ x, y, z とし，各部屋の定員をそれぞれ6人，3人，2人とすると，

$$x+y+z=28 \cdots ①$$
$$3(6x+3y+2z)=6x+6×3y+9×2z \cdots ②$$

である。②より，

$$18x+9y+6z=6x+18y+18z$$
$$12x=9y+12z$$
$$4x=3y+4z \cdots ③$$

となる。

この③式を①×4の $4x+4y+4z=112$ に代

入すると，

$$7y+8z=112$$

となり，ここから，

$$8z=112-7y \quad さらに， \quad z=14-\frac{7}{8}y$$

となる。

y, z とも自然数なので，これを満たす y, z の値は，$y=8$, $z=7$ しかありえない。したがって，Aタイプの部屋数は①式から，

$$x=28-(y+z)=28-(8+7)=13$$

で，正答は **3** である。

正答 **3**

整数の性質

理想解答時間
3分

合格者正答率
70%

4ケタの正の整数A＝1000a＋100b＋10c＋dは，A＝9(111a＋11b＋c)＋(a＋b＋c＋d)と書ける。これを利用し，4ケタの数6□7□が9で割り切れるときに，2つの□に入る数字の和を求めよ。

> 該当する数字が1つとは限らない

1 4のみ

2 5のみ

3 8のみ

4 4または12

5 5または14

この問題の特徴

　整数の性質を問う問題です。どこから手を着けたらよいのか迷う場合は，問題文に示されているヒントを探すようにします。

解答のコツ

　4ケタの数「6□7□」が「9の倍数」であることに着目して，9の倍数になる条件を生かします。

　なお，該当する数字が1つ求められたからといって安心しないことが大切です。

解説

　1000a＋100b＋10c＋d＝9(111a＋11b＋c)＋(a＋b＋c＋d)なのだから，a＋b＋c＋dが9の倍数なら，その4ケタの数は9の倍数である。6□7□が9で割り切れるとき，6＋7＋□＋□＝18ないし27だから，□2つに入る数の和は5ないし14である。

　よって，正答は**5**である。

正答
5

速さと時間・距離

理想解答時間 **4分**　合格者正答率 **80%**

A〜Cの3人が同じ地点から出発する。Aが出発して10分後にBが出発し，Bは出発して10分後にAを追い越した。CはBより10分遅れて出発し，出発して30分後にBを追い越した。CがAを追い越したのは，Cが出発してから何分後か。

グラフを描くとわかりやすい

1　11分
2　12分
3　13分
4　14分
5　15分

この問題の特徴

ある地点と別の地点の間で人が行き来するときの，速度や時刻，すれ違ったり追い抜いたりする場所に関する問題は数的推理の頻出テーマの一つです。

解答のコツ

グラフを描いて移動の様子をつかむことと，同じ距離にかかる時間の比から速さの比を求めるのが解答のコツです。

解説

移動の様子は次のグラフのようになる。

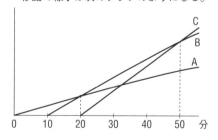

BがAを追い越したとき，Aは出発してから20分経過している。このとき，AとBが進んだ距離は等しく，経過した時間は20

分と10分だから，AとBの速度の比は，A：B＝1：2である。

一方，CがBを追い越したとき，Bは出発してから40分経過しているから，BとCが同じ距離を進むのにかかった時間は40分と30分で，ここからBとCの速度の比は，B：C＝3：4である。

　A：B　　　＝1：2
　　　B：C＝　　3：4
　─────────────
　A：B：C＝3：6：8

より，AとCの速度の比は3：8だから，同じ距離を進むのにかかる時間の比は，A：C＝8：3となる。CはAより20分遅れて出発しているから，（8−3）：3＝20：12となり，Cは出発して12分でAを追い越したことになる。

よって，正答は**2**である。

正答
2

No.48 確率

理想解答時間 **4分**　合格者正答率 **60%**

Aの袋には白玉4個と黒玉2個，Bの袋には白玉2個と黒玉2個，Cの袋には白玉1個と黒玉2個がそれぞれ入っている。今，次のような手順で袋の中の玉を移動させる。

①Aの袋から玉を1個取り出してBの袋に入れる。

②Bの袋から玉を1個取り出してCの袋に入れる。

この状態でCの袋から玉を1個取り出すとき，それが白玉である確率として正しいものは，次のうちどれか。ただし，どの玉を取り出す確率も等しいものとする。

> **場合分けをして考える**

1　$\dfrac{19}{60}$

2　$\dfrac{7}{20}$

3　$\dfrac{23}{60}$

4　$\dfrac{5}{12}$

5　$\dfrac{9}{20}$

この問題の特徴

　確率というと難しく感じる受験者も多いのですが，公務員試験では抽象的な大きな数字の確率を求めることはあまりありません。

解答のコツ

　本問では，取り出される玉の色について，場合を分けて考えます。

解説

　A，B，Cの袋から玉を取り出したときの中で，①白，白，白，②白，黒，白，③黒，白，白，④黒，黒，白，の4通りを考えることになる。

　①の場合の確率は，$\dfrac{2}{3} \times \dfrac{3}{5} \times \dfrac{1}{2} = \dfrac{1}{5}$

　②の場合の確率は，$\dfrac{2}{3} \times \dfrac{2}{5} \times \dfrac{1}{4} = \dfrac{1}{15}$

　③の場合の確率は，$\dfrac{1}{3} \times \dfrac{2}{5} \times \dfrac{1}{2} = \dfrac{1}{15}$

　④の場合の確率は，$\dfrac{1}{3} \times \dfrac{3}{5} \times \dfrac{1}{4} = \dfrac{1}{20}$

である。

　したがって，求める確率は，

$$\dfrac{1}{5} + \dfrac{1}{15} + \dfrac{1}{15} + \dfrac{1}{20} = \dfrac{12+4+4+3}{60}$$

$$= \dfrac{23}{60}$$

　よって，正答は**3**である。

正答 3

平面図形

理想解答時間 **3**分
合格者正答率 **70**%

次の図の四角形ABCDは1辺の長さが10の正方形である。EP＝3，FQ＝2のとき，斜線部分の四角形EFGHの面積として，正しいものは次のうちどれか。

補助線の引き方がポイント

1 47
2 49
3 51
4 53
5 55

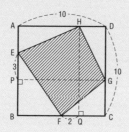

この問題の特徴

平面図形の辺の長さや面積を求める問題です。必要になる知識は限られているので，問題を数多く解けば，おのずと正答率が上がります。

解答のコツ

直接求めにくい図形の面積は，分割して考えます。単純に正方形の半分になるなどという早合点をしないように，丁寧に考えましょう。

解説

次のように問題の図に補助線を引いてみる。

図において，$\triangle HEL = \dfrac{1}{2}AELH$，

$\triangle EFI = \dfrac{1}{2}EBFI$，$\triangle FGJ = \dfrac{1}{2}JFCG$，

$\triangle GHK = \dfrac{1}{2}GDHK$ となる。

ここで，この4つの長方形（AELH，

EBFI，JFCG，GDHK）の面積は，正方形ABCDから長方形IJKLを除いて求められる。長方形IJKLにおいて，IJ＝EP＝3，IL＝FQ＝2なので，求める面積は，

$$四角形EFGH = \frac{1}{2} \times (100 - 2 \times 3) + 2 \times 3$$

$$= 47 + 6 = 53$$

よって，正答は**4**である。

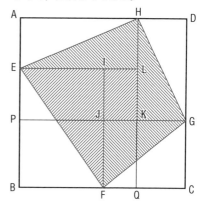

正答 **4**

教養試験 地方上級

No.50

資料解釈

数表の読み取り

理想解答時間 5分
合格者正答率 70%

次の表はある市町村の就業人口および産業別構成割合の変化に関するものである。この表から正しいといえるものはどれか。

計算は概算でよい

平成10年

	就業人口(千人)	第1次産業比率	第2次産業比率	第3次産業比率
A市	108	5.8	21.4	72.8
B市	95	2.7	48.9	48.4
C市	57	6.7	27.7	65.6
D市	28	2.5	41.3	56.2
E町	18	34.7	24.2	41.1
F村	15	34.5	31.3	34.2
G町	19	6.6	42.9	50.5

平成15年

	就業人口(千人)	第1次産業比率	第2次産業比率	第3次産業比率
A市	115	4.4	21.6	74.0
B市	98	2.0	47.0	5.0
C市	64	5.1	29.0	65.9
D市	29	2.0	41.2	56.8
E町	19	28.1	27.2	44.7
F村	14	26.9	33.9	39.2
G町	21	4.1	42.8	53.1

1 いずれの市町村も就業人口は増加しているが,第1次産業就業者の割合は低下している。

2 A市の就業人口の増加はほとんどが第3次産業就業者の増加によるものである。

3 B市,D市,G町は第2次産業就業者数の割合が比較的高いが,第2次産業就業者数はいずれも減少傾向にある。

4 E町の平成10年の第3次産業就業者数とD市の平成15年の第2次産業就業者数は,ほぼ同数である。

5 就業人口の増加率が最も高いのはG町である。

PART III 過去問の徹底研究

この問題の特徴

数表の問題は,グラフの問題に比べて数値計算が必要なことが多くなります。

解説

1× 誤り。F村では就業人口が減少している。

2◎ 正しい。A市の第3次産業就業者の人口は,平成10年は108千人の72.8%で約78.6千人,平成15年は115千人の74%で約85.1千人。人口増加は7千人。第3次産業就業者数の増加は約6.5千人。他の選択肢と比較してみると,正しいといえる。

3× 誤り。たとえばG町の第2次産業就業者数は,平成10年には19千×0.429=8.15千,平成15年には21千×0.428=8.99千で増加している。

4× 誤り。構成比がほぼ等しいだけで就業人口が大幅に違うので,同数とはいえない。

5× 誤り。G町の増加率21÷19−1より,約11%である。たとえばC市では,64÷57−1より,約12%である。

正答 2

157

選挙制度

理想解答時間　3分　合格者正答率　80%

選挙制度は
定番の問題

選挙制度に関する次の記述のうち，妥当なものはどれか。

1 比例代表制には，死票が少なく民意を反映させやすい，得票率と議席数を一致させやすい，新たな政党を出現させやすいといった長所がある。

2 小選挙区制は，多数党の過剰代表，定期的な選挙区割りの変更，仕事のできる政党が登場しにくいといった短所がある。

3 わが国では昭和3年の衆議院議員総選挙において20歳以上の男子による普通選挙が導入されたが，男女普通選挙が実施されたのは第二次世界大戦後のことである。

4 小選挙区制は，比例代表制に比べて利益や価値観が多様化した社会に適した制度であり，争点が明確になりやすく，政権も安定しやすい。

5 小選挙区比例代表並立制は，わが国では衆議院議員選挙で採用されており，比例代表制による選出数が小選挙区による選出数を上回っている。

この問題の特徴

選挙制度は，政治学の定番の問題で，ほぼ毎年全国型，特別区のいずれかで出題されます。問われる内容も，いくつかのパターンはありますが，よく出題されるものが多くなっています。高校の政治・経済と一部重複する選択肢もあるので，学習開始時点で正答できる人は20%程度ですが，最終的には100%の正答が求められます。この問題は，5つの選択肢のうち「正しいもの」1つを見つける，地方上級試験でよく出題される形式です。

選択肢の難易度

選択肢**3**は高校の日本史の内容と重複し，比較的難易度が高くなっていますが，他の選択肢はいずれも中程度です。

解答のコツ

比例代表制と小選挙区制の違いについて基本的な知識を出題しています。これらは，対照的な選挙の方法なので，それぞれ別の結果を生み出します。このように対となるものは，出題者も矛盾をしのばせやすいという性質があるので要注意です。

そこで，選択肢**1・2・4**の記述が相互に矛盾しないかどうかまず確認してみましょう。相互の矛盾を見つけるためには，選択肢の内容を十分に理解する必要はありません。

このようにして選択肢を絞って時間を短縮するのもひとつの工夫です。

解説

1◎ 正しい。比例代表制は死票が少なく，より民意が反映される。

2× 誤り。小選挙区制では，小さな政党の議席確保が難しく，大きな政党＝仕事のできる政党が登場しやすい。

3× 誤り。昭和3年から始まった普通選挙では25歳以上の男子に選挙権があった。

4× 誤り。比例代表制の説明である。

5× 誤り。衆議院議員全480名中，小選挙区選出議員が300名であり，小選挙区による選出のほうが多い。

正答 **1**

各国の政治状況

フランス・ドイツ・
韓国にも注意

理想解答時間	合格者正答率
3分	70%

各国の議会や政治状況に関する次の記述のうち，妥当なものはどれか。

1　アメリカの大統領は，第二次世界大戦後に限れば共和党と民主党以外の政党から選出されたことはないが，連邦議会では第三党も一定の議席を確保し続けている。

2　ドイツやスウェーデンなどの北欧諸国には環境政党が存在しており，なかでもドイツは緑の党が連立政権に加わったことがある。

3　イギリスでは，自由民主党と共和党の二大政党制が成立しており，下院第一党が内閣を組織する一方，野党が影の内閣を組織してこれに対抗する慣行が続いている。

4　韓国では一党優位の政治体制が第二次世界大戦後には一貫して続いており，この体制が崩れたことはない。

5　フランスの大統領は国家を代表する儀礼的な地位にとどまり，大きな権限はないが，一定の場合に議会を解散することができる。

この問題の特徴

大統領制と議院内閣制の違いや，国家元首，政党などの違いを中心とする諸外国の政治システムの問題は，出題されることが多くなってきています。最近の特徴としては，これまでのアメリカ，イギリス，日本という「定番」の国に加えて，フランス，ドイツ，韓国などが含まれるようになってきています。高校の政治・経済の内容も一部重複しますが，多様な国の政治システムを把握することは簡単ではないので，学習開始の時点で正答できる人は10%程度です。

解答のコツ

まず新聞報道などでもなじみがある選択肢1と3に取り組むとよいでしょう。これらが誤りだとわかれば，「消去」します。次に，近年韓国の民主化の動きを見聞きしていれば，選択肢4には無理があることに気がつくはずです。そもそも，「一貫して」「崩れたことはない」のような断定的な選択肢は，疑って取り組むことが大切です。

さらに，洞爺湖サミットにサルコジ大統領が出席していたことを思い出し，選択肢5も誤りと判断して，最後に選択肢2という正答を得ることができます。

解説

1×　誤り。アメリカの二大政党制は，大統領，連邦議会の両方で定着している。
2◎　正しい。ドイツでは，緑の党が社会民主党と連立を組んでいた（1998年から2005年）。
3×　誤り。労働党と保守党である。その他の説明は正しい。
4×　誤り。軍事政権下で選択肢のような状況が続いていたが，1993年に文民政権が誕生した。
5×　誤り。フランスの大統領は儀礼的な地位にとどまらず，強大な権限を有している。

正答
2

専門試験 地方上級
行政学

ストリート・レベルの官僚制

理想解答時間 **3分**　合格者正答率 **70%**

リプスキーのストリート・レベルの官僚制に関する記述として，妥当なのはどれか。

> 選択肢が
> ヒントになる

1　ストリート・レベルの官僚は，外勤業務を通じてサービスを提供する行政職員をいい，判事はストリート・レベルの官僚には含まれないとされる。

2　ストリート・レベルの官僚は，住民に対して，上司の細かな指揮監督の下に画一的なサービスを提供するため，住民に対する影響力はないとされる。

3　ストリート・レベルの官僚は，官僚制組織の最末端に位置づけられているため，法適用の裁量をもたず，当該裁量は上司の権限の範囲であるとされる。

4　ストリート・レベルの官僚は，多様な業務に対するエネルギーの振り分けについて，裁量をもたないとされる。

5　ストリート・レベルの官僚は，限られた時間とエネルギーの範囲内では，多様な業務を十分に遂行することができず，ディレンマに直面するとされる。

この問題の特徴

定期的に出題される問題です。行政学の学説の中では比較的わかりやすいものとなっています。行政学の問題は，この問題のような行政学の学説と，実際の行政の2つに分けることができます。行政学の学説は，高校の政治・経済の内容とほとんど重複がないため，最初は難しく感じるかもしれません。学習開始時点で正答できる人は10%程度ですが，最終的にはかなりの正答率が求められます。

解答のコツ

「ストリート・レベルの官僚制」といわれて戸惑うかもしれませんが，選択肢を一つ一つ確認すれば，それがどのようなものかわかるのではないでしょうか。「裁量をもたない」や「影響力はない」などの断定的な選択肢は疑わしく，判事をあえて排除するのも不自然に思えます。結果として，知識がなく読んでみても，選択肢**5**が一番無理のない選択肢だと判断することができます。

このように，不自然な選択肢を「消去」していくことも一つの方法です。

解説

1✕　誤り。対象者との対面接触を通じてサービスを提供する行政職員をさすため，判事もこれに含まれる。

2✕　誤り。上司の細かな指揮監督から離れるため，現場の裁量が大きく，住民への影響力は大きい。

3✕　誤り。最末端に位置づけられるからこそ，法適用の裁量が大きい。

4✕　誤り。現場の裁量が大きいことから，エネルギーの振り分けにも裁量がある。

5◎　正しい。裁量の大きい多様な業務を遂行しなければならないため，ディレンマに直面しやすい。

正答 **5**

日本の公務員制度

理想解答時間 **3**分 合格者正答率 **70**%

わが国の公務員制度に関する記述として，妥当なのはどれか。

> 消去法で
> 正答するしかない

1　人事院は，国会の両院の同意を得て内閣が任命する人事官をもって組織される機関であり，準立法権と準司法権を持つ。

2　人事院は，地方公務員と国家公務員の給与水準を比較検討して，給与の改定を内閣と国会に，毎年，少なくとも1回，勧告しなければならない。

3　わが国では，採用時に公開競争試験で潜在的能力を判断し，内部研修によりスペシャリストとする，終身雇用を保障した開放型任用制が採用されている。

4　職階制は，官職を職務の種類及び複雑と責任の程度に基づいて分類整理する制度であり，国家公務員については，第二次世界大戦後にこの制度が導入され，今日まで実施されている。

5　フーバーを団長とする合衆国対日人事行政顧問団の報告書に基づき，国家公務員法は，独立性の強い人事院の設置，事務次官の政治任用，公務員の労働基本権の保障の拡大という形で改正された。

この問題の特徴

　日本の公務員制度に関する問題です。特別区で出題が多いテーマです。

　制度については頻出なので難易度も高くないのですが，歴史が問われることは珍しいため，その分難しく感じられる問題です。

選択肢の難易度

　選択肢2〜4は簡単に誤りだとわかります。1と5は難易度が高めです。

解答のコツ

　選択肢5のポイントは「事務次官の政治任用」です。戦後改革でアメリカの顧問団が推進しようとしたのは「民主化」なのに「事務次官の政治任用」を進めたという記述はおかしい，と気づけば正答できます。

解説

1◎　正しい。

2×　誤り。人事院勧告は，「地方公務員と国家公務員の給与水準を比較検討して」行うものではない。国家公務員と民間企業の給与水準を均衡させることを基本として行われるものである。

3×　誤り。わが国の採用方式は閉鎖型任用制といわれている。本肢の説明は閉鎖型任用制に関するものである。

4×　誤り。日本では戦後改革の際に職階制が導入されたものの，本格的に実施されることはなく，2007年，国家公務員法上の規定，職階法ともに廃止となった。

5×　誤り。フーバー顧問団の報告書は最初の国家公務員法の制定の前に提出された（1947年）。しかし，国家公務員法は「フーバー草案」を骨抜きとするものであった。再来日したフーバーは激怒し，国家公務員法の改正につながった。改正国家公務員法は，事務次官の一般職化，公務員の労働基本権の制限，人事院の創設などを骨子とするものであった。

正答

1

外国人の人権

理想解答時間 **3分** 合格者正答率 **90%**

日本国憲法に定める基本的人権の保障は，権利の性質上日本国民のみをその対象としていると解されているものを除き，わが国に在留する外国人にも等しく及ぶものとする判例の見解に照らし，次の人権のうち，原則として外国人にもその保障が及ぶものはどれか。

過去に出たことのある内容ばかり

1 わが国への入国・在留の権利
2 再入国の権利
3 国会議員・地方議会議員の選挙権
4 政治活動の自由
5 健康で文化的な最低限度の生活を営む権利（生存権）

この問題の特徴

人権がいかなる者に対してどの程度まで保障されるかという人権の享有主体の問題は，外国人，法人，在監者，天皇・皇族・公務員，未成年者などについて出題されますが，最も出題頻度が高いのが外国人の人権についてです。

外国人に日本国憲法上の人権が保障されるかについては，問題文の冒頭にもあるように，権利の性質によって決まるとするのが判例です。そこで，各人権ごとの判例の立場を押さえておく必要があります。

正答率は，初学者で40%，受験時で90%程度であると推測できます。

選択肢の難易度

どの選択肢も過去に各種の公務員試験で出題された判例の知識です。過去問で頻出の判例を押さえていれば自信を持って正答を選ぶことができるはずです。

解説

1× 及ばない。判例は，外国人がわが国に入国する自由も，引き続き在留することを要求する権利も保障されていないとする。

2× 及ばない。判例は，わが国に在留する外国人が外国に一時旅行した後でわが国に再度入国する自由も保障されていないとする。

3× 及ばない。判例は，国会議員の選挙権も地方議員の選挙権も保障されていないとする。

4◎ 及ぶ。判例は，政治活動の自由については，外国人の地位にかんがみて認めることが相当でないと解されるものを除き，その保障が及ぶと判示している。

5× 及ばない。判例は，生存権を具体化するための社会保障上の施策における外国人の処遇については，限られた財源の下で福祉的給付に当たり自国民を在留外国人より優先的に扱うことは許されるとする。

正答 4

幸福追求権

理想解答時間	合格者正答率
3分	70%

「新しい人権」とも関連する

幸福追求権に関する次の記述のうち,妥当なものはどれか。ただし,争いのある場合は判例による。

1 憲法13条後段のいわゆる幸福追求権の規定については,これを人権の重要性を強調する一般原理を宣言したものであるとする説と,裁判上の救済を受けることができる具体的権利であるとする説とが対立しているが,判例は当初から一貫して具体的権利性を認めている。

2 良好な環境を享受する権利であるいわゆる環境権について,判例は,自然環境との関係で成立する人格権についてはこれを認めているが,環境権そのものについては,具体的権利として認めていない。

3 幸福追求権により国民の私生活上の自由が保障されていることは判例も認めているから,自己消費を目的とする酒類製造を,立法府がその裁量権に基づいて制約することは許されない。

4 個人の前科および犯罪経歴は,人の名誉,信用に直接かかわる事項であり,みだりに公開されてはならないが,弁護士法の規定に基づく弁護士会からの照会に対しては,その高度の公共性から,公務所はこれを拒否することは許されない。

5 名誉権については,人格価値そのものにかかわる重要な権利であることから,具体的権利性が認められるが,いわゆる表現の自由の優越的地位の理論から,出版物による名誉権の侵害については,いかなる場合も事前差止めは許されない。

この問題の特徴

幸福追求権のテーマは,このテーマのみで問われるのは数年に1度といった程度です。しかし,いわゆる「新しい人権」の憲法上の根拠となるため,「新しい人権」に関する判例は,問題の中の一つの選択肢としてであれば,いつ出題されてもおかしくないテーマです。正答率は,初学者で30%,受験時で70%程度であると推測できます。

選択肢の難易度

選択肢**1**は見慣れない角度からの問い方ですが,落ち着いて考えれば判断できるでしょう。正答の選択肢**2**は,前半の人格権の部分はマイナーな知識で迷うかもしれませんが,後半の判例が環境権を認めていないという知識は基礎知識です。選択肢**3**は過去問でたまに問われる知識ですが,選択肢**4・5**は過去問の頻出知識です。

解説

1× 誤り。最高裁判所は,昭和44年の京都府学連事件の判決で,具体的権利性を承認するに至った。

2◎ 正しい。判例は,下級審判決で人格権に基づく差止請求を認めたものがあるが,環境権そのものについては最高裁判所も認めていない。

3× 誤り。判例は,自己消費目的の酒類製造の制約も,酒税徴収の確保のために許されうるとする。

4× 誤り。判例は,個人の前科や犯罪履歴について公務所が弁護士会の照会に応じて漫然と公開することは,違法であり許されないとする。

5× 誤り。判例は,出版物による名誉権が侵害されるおそれがある場合には,一定の要件の下で,裁判所による出版の事前差し止めが許されるとしている。

正答 2

司法権の限界

理想解答時間 **2分** / 合格者正答率 **80%**

判例上，裁判所の審査権が及ばないとされているものは，次のうちどれか。

条文と判例の知識が必要

1 地方公共団体の議会がその議員に対する懲罰として行う除名処分
2 国立大学における学生の専攻科修了の認定
3 政治性を有するが，一見極めて明白に違憲無効であると認められる条約
4 宗教教義の解釈に関する判断
5 衆議院議員選挙における議員定数不均衡の問題

この問題の特徴

　司法権の限界は，司法権の分野の中の一分野ですが，判例が集積していることもあり，地方上級のすべての出題タイプにおいて，いつ出題されてもおかしくないテーマです。

　憲法の統治機構の分野では，条文の知識を問う問題が多いのですが，司法権の限界の出題では判例の知識が問われます。過去問で何度も出題される頻出の判例を一つずつ確実に押さえていくことが，このテーマから出題の得点力を高めることにつながります。

　正答率は，初学者で30%，受験時で80%程度であると推測できます。

選択肢の難易度

　選択肢1〜4はすべて過去問において頻出の知識です。また，5は，司法権の限界のテーマで出題されるのは珍しいのですが，衆議院議員選挙の定数配分規程について違憲判決があることを思い出せれば容易に判断できるでしょう。

解説

1× 誤り。判例は，部分社会である地方議会による地方議員の除名処分については，裁判所の審査権が及ぶとする。
2× 誤り。判例は，部分社会である国立大学における専攻科修了の認定については，裁判所の審査権が及ぶとする。
3× 誤り。判例は，統治行為論により，高度の政治性を有する条約は，一見極めて明白に違憲無効であると認められない限り裁判所の審査権は及ばないとするから，一見極めて明白に違憲無効であると認められれば，裁判所の審査権は及ぶことになる。
4◎ 正しい。判例は，宗教上の教義は，裁判所の審査の対象である法律上の争訟に当たらないから，その解釈に関する判断については裁判所の審査権は及ばないとする。
5× 誤り。判例は，衆議院議員選挙の議員定数不均衡の問題について，裁判所の審査権を行使している。

正答 **4**

憲法改正

理想解答時間 **2分**　合格者正答率 **70%**

これから出題が増えるテーマ

憲法改正に関する次の記述のうち，妥当なものはどれか。

1　国会における憲法改正の発議についても，法律案と同様に衆議院の優越が認められている。

2　憲法改正は，各議院の総議員の3分の2以上の賛成を経た後，国民投票において，その3分の2以上の賛成を経たときに行われる。

3　憲法改正について国民の承認を経たときには，天皇は，国民の名で直ちにこれを公布しなければならない。

4　憲法改正の国民投票は，衆議院または参議院の選挙の際にのみ行うことができる。

5　憲法改正が改正手続きによって行われる限り，改正の内容には限界がないとするのが通説である。

この問題の特徴

　憲法改正については，近年において憲法改正が政治的な重要課題となったためか，全国型で出題されています。そして，平成19年に「日本国憲法の改正手続に関する法律」が制定されたことから，憲法改正については，日本国憲法の条文だけでなく，この新法も含めて今後の出題可能性がさらに高まったといえます。

　正答率は，初学者で40%，受験時で80%程度であると推測できます。

解答のコツ

　どの選択肢も憲法改正のテーマに関する条文・学説に関する過去問で頻出の知識です。統治機構の分野では，特に出題が予測されるテーマについては，条文のポイントを正確に押さえておく必要があります。

解説

1×　誤り。憲法改正の発議については，衆議院の優越の制度は存在せず，両院が対等の関係に立つ。

2×　誤り。国民投票においては，過半数の賛成で足りる。

3◎　正しい。憲法はこのように規定している。

4×　誤り。憲法改正の国民投票は，国会の定める選挙である衆議院議員選挙や参議院議員選挙の際だけでなく，特別の国民投票で行うこともできる。

5×　誤り。たとえ憲法が定める改正手続きに従ったとしても，国民主権，基本的人権の尊重，平和主義といった憲法の基本原理についての改正は認められないとして，憲法改正には限界があると考えるのが通説である。

PART **Ⅲ**

過去問の徹底研究

正答 **3**

公定力

理想解答時間　合格者正答率
3分　70%

行政行為の公定力に関する記述として，妥当なのはどれか。

1　公定力とは，違法な行政行為であっても，一定期間経過後は，行政行為の相手方は もはや行政行為の効力を争うことができないことをいう。

2　公定力の実定法上の根拠は，行政行為は取消訴訟の手続によらなければ争うことが できないとする，取消訴訟の排他的管轄に求められる。

3　公定力は，行政庁及び行政行為の相手方を拘束するため，行政行為は，瑕疵が重大かつ明白であっても権限ある機 関が正式に取り消さない限り有効なものとして扱われる。

4　公定力の効果として，違法な行政行為により損害を受けた者は，国又は公共団体に直ちに損害賠償の請求をするこ とができず，あらかじめ取消訴訟を提起し，取消し又は無効確認の判決を得なければならない。

5　公定力は，刑事訴訟に及ぶため，行政処分に違反して刑事訴追された者は，刑事訴訟とは別に取消訴訟を提起し， 取消し又は無効確認の判決を得なければならない。

> 行政法の中でも 基礎のテーマ

この問題の特徴

「行政行為」に関係するテーマからの出 題は，どの試験でも，いつ出題されてもお かしくありません。本問の公定力は「行政 行為」に関係するテーマの中でも基礎的な 部類に入るテーマです。よって，正答率 は，初学者で30％，受験時で70％以上に達 すると推測できます。

選択肢の難易度

選択肢1は初歩的な知識です。正答の選 択肢2は，テキスト等でよく目にする記述 ですが，内容は理解しにくいと思われま す。選択肢3と4は，過去問で頻出の基礎 的な知識です。選択肢5はやや細かい知識 です。

解説

1× 誤り。公定力とは，行政行為の成立 に瑕疵があっても，権限を有する機関によ って取り消されるまでは一応有効なものと して通用する効力である。本肢の説明は，

不可争力に関するものである。

2◎ 正しい。本肢のとおりである。

3× 誤り。行政行為に重大かつ明白な瑕 疵がある場合には，その行政行為は無効で あり，正式な取消しがなくてもその無効を 主張できる。

4× 誤り。行政行為によって損害を被っ た場合には，行政行為の取消し等を求める ことなく，直ちに損害賠償の請求をするこ とができる。

5× 誤り。刑事訴訟において，被告人が 取消訴訟を提起して取消判決を得ない限り 有罪の前提である行政処分が一応有効と扱 われることは，無罪の推定の原則に反する ため，公定力は刑事訴訟には及ばないと解 されている。

正答
2

行政手続法

理想解答時間 ▼▼▼▼ 4分
合格者正答率 60%

行政手続法に関する次の記述のうち，妥当なものはどれか。

全国型では特に
出題が多い

1　行政手続法は，行政庁の処分については，申請に対する処分と不利益処分の２種類につき内容的な規定を置き，不利益処分については，不利益の程度により２つの異なる意見陳述の方法を用意している。

2　申請に対する処分とは，許可，認可，免許などに際して，自己になんらかの利益または不利益をもたらす行為の総称であり，申請人に法令上の申請権があるかどうかを問わない。

3　不利益処分とは，行政庁が法令に基づき特定の者を名あて人として，直接に義務を課しまたはその権利を制限する処分の総称であり，事実上の行為を含み，講学上の「侵害処分」と一致する。

4　行政手続法が，申請に対する処分について，行政庁に標準処理期間を定めなければならないという義務を課したことから考えて，行政庁が標準処理期間を徒過した場合には，直ちに不作為の違法の問題が生ずるものと考えられる。

5　不利益処分に当たり行われる聴聞は，行政庁が指名する職員によって主宰され，調書内容および報告書に記載された聴聞主宰者の意見には実質的証拠法則が認められるので，行政庁はそれらに拘束される。

この問題の特徴

行政手続法からの出題は，全国型では平成18年度から４年連続で出題されています。

本問は細かい知識を問う選択肢もありますが，全体的には基礎的なものであるため，初学者であっても，正答率は30%ほどと推測できます。受験時には正答率は60%程度になるものと考えられます。

解答のコツ

公務員試験では，正答の選択肢は基本的な知識を問い，他の誤りの選択肢は比較的細かい知識を問うものというスタイルの問題が少なくないのです。このような問題では，基礎的な知識を問う選択肢を自信を持って選べるかがポイントになります。これを試験本番で実行できるようにするためには，基礎知識を正確に押さえていることが必要なことはいうまでもありません。よって，普段の学習では，基礎知識については，過去問で頻出のものは特に，正確に押

さえる必要があるのです。

解説

1◎　正しい。本肢のとおりである。
2×　誤り。申請人の側に法令上の申請権があることが必要である。
3×　誤り。不利益処分とは，特定の名あて人に対して義務を課したり，権利を制限する処分であり，事実上の行為は含まず，また，申請に対する拒否処分を含まない点で，講学上の「侵害処分」とは一致しない。
4×　誤り。行政庁の標準処理期間の設定は努力義務にとどまっている。また，あくまでも「標準」の処理期間であるから，期間の徒過により，直ちに不作為の違法の問題が生ずるわけではない。
5×　誤り。不利益処分を決定する行政庁は，聴聞主催者の意見を十分に参酌すればよく，この意見により拘束を受けるわけではない。

正答 1

国家賠償

理想解答時間 **3分**　合格者正答率 **70%**

> 国家賠償法は
> 1条と2条が
> よく出る

国家賠償に関する次の記述のうち，妥当なものはどれか。

1 国家賠償法により国または公共団体が賠償責任を負うとされる損害には，生命，健康，財産に関するものが含まれるが，精神的損害は含まれない。

2 国家賠償と刑事補償とは趣旨・目的を異にするから，1つの事由が双方の要件を満たす場合において先に刑事補償が行われたときでも，国家賠償については刑事補償による補償金の額を考慮せずに，その額が算定される。

3 公権力の行使に基づく損害の賠償責任については，過失責任主義がとられているが，公の営造物の設置または管理の瑕疵による損害の賠償責任については，国または公共団体の過失の存在は必要とされない。

4 国家賠償の要件を満たす損害でも，国家賠償請求によらず，不法行為を行った公務員個人に対しては直接その賠償を請求することは妨げられない。

5 旧憲法には国家賠償の規定がなく，公務員の不法行為による損害については，権力的作用による者はもちろん非権力的作用によるものであっても，国または公共団体の賠償責任は判例において認められなかった。

この問題の特徴

国家賠償法の分野は，試験の種類を問わず頻出のテーマです。特に同法の1条と2条に関する判例に出題が集中しています。

正答率は，正答が過去問で頻出の基礎的な知識が問われているため，初学者で30％，受験時では70％に達するものと推測できます。

選択肢の難易度

選択肢3と4は過去問で頻出の知識です。選択肢1と5も，頻出ではないものの過去問での出題がみられます。選択肢2は，細かい知識ですが，常識的に判断すれば誤りと判断できるでしょう。

解説

1✕　誤り。判例は，賠償責任を負うとされる損害には，精神的損害も含まれるとする。

2✕　誤り。刑事補償法には，同法による補償を受けた場合の国家賠償法等による損害賠償額については，補償金の額が考慮されるとの規定がある。

3◎　正しい。判例は，本肢のように判示している。

4✕　誤り。判例は，国家賠償責任が成立する場合には，不法行為を行った公務員個人は直接の賠償責任を負わないとする。

5✕　誤り。旧憲法下でも，判例により，非権力作用に基づく不法行為については，民法の不法行為の適用により，損害賠償責任が認められていた。

正答 **3**

取消訴訟

理想解答時間 **4分**　合格者正答率 **70%**

行政事件訴訟法に定める取消訴訟に関する次の記述のうち，妥当なものはどれか。

法改正が一段落し，出題が増える

1 取消訴訟は，処分を行った行政庁の所在地の裁判所の管轄に専属するものとされ，処分に関し事案の処理に当たった下級行政機関の所在地の裁判所には提起することができない。

2 取消訴訟を提起できる者は，処分の取消しを求めるにつき法律上の利益を有する者であるが，第三者に対する処分については，自己の権利を侵害されるときでもその取消しを求めることはできない。

3 原処分を正当として審査請求を棄却した裁決の取消訴訟においては，裁決固有の違法事由を主張することができるだけでなく，原処分の違法についても主張することができる。

4 取消訴訟では，違法な処分を取り消すことが公の利益に著しい障害を生ずる場合において，原告の受ける損害の程度など一切の事情を考慮したうえ，処分を取り消すことが公共の福祉に適合しないと認めるときは，裁判所は請求を棄却することができる。

5 取消訴訟では，裁判所が処分の執行停止の決定をした後に，その決定に対して内閣総理大臣の異議があった場合，処分の執行停止の決定を取り消すか否かは裁判所の判断に任されている。

この問題の特徴

行政事件訴訟法は，地方上級試験では，取消訴訟を中心に，広範な知識が問われるテーマです。本問は同法の条文の知識を問う問題ですが，判例も重要です。

正答率は，条文の知識のみの出題であるため，初学者で30%，受験時で70%程度であると推測できます。

選択肢の難易度

選択肢**1**は細かい知識の部類に入ります。選択肢**2・3**と正答の選択肢**4**は，過去問で頻出の基礎知識です。選択肢**5**はやや細かい知識といえるでしょう。

解説

1× 誤り。取消訴訟は，当該処分に関し事案の処理に当たった下級行政機関の所在地を管轄する裁判所にも提起することができる。

2× 誤り。第三者に対する処分であっても，当該処分の取消しを求めるについて法律上の利益があれば，取消訴訟を提起できる。

3× 誤り。裁決の取消訴訟においては，裁決固有の違法を理由に取消しを求めることができるだけであり，原処分の違法を理由に取消しを求めることはできない（原処分主義）。

4◎ 正しい。事情判決である。

5× 誤り。裁判所による執行停止の決定に対して内閣総理大臣の異議があったときは，決定を取り消さねばならず，この場合に，裁判所に異議に理由があるかどうかを審査する権限は認められていない。

正答 **4**

地方自治法

理想解答時間 **2分** | 合格者正答率 **80%**

地方自治法に関する次の記述のうち，妥当なものはどれか。

国と地方の関係は特に注意

1 普通地方公共団体には，都道府県，市町村，特別区があり，特別地方公共団体には，地方公共団体の組合，財産区がある。

2 地方自治法でいう「住民」とは，市町村の区域内に住所を有していれば足り，日本国籍の有無を問わない。

3 地方公共団体が行う事務を自治事務といい，国が行う事務を法定受託事務という。

4 都道府県は市町村に対する一般的な指揮監督権を有し，優越的な地位を占める。

5 地方自治特別法の住民投票は，住民の直接請求に含まれる。

この問題の特徴

　地方上級の全国型では，行政組織法の分野からは，本問のような地方公共団体に関する出題が集中しています。この傾向は，地方公務員の採用試験であることを考えれば容易に想像できるでしょう。

　本問は基礎知識を使った消去法で正答できる問題であるため，初学者でも正答率は50%に達するものと推測できます。受験時においては，基礎知識がより確実に定着するので，正答率は80%に達するでしょう。

解答のコツ

　正答の選択肢**2**の知識は，過去問で頻出の知識とはいえないので，正確に押さえている人は少ないと思われます。しかし，選択肢**1**と**3**は基礎的な知識ですし，選択肢**4**と**5**も少し考えれば正誤の判断は容易であるといえます。選択肢**2**の知識を正確に押さえていなくても，消去法で正答を選ぶことができるでしょう。

解説

1× 誤り。特別区は，特別地方公共団体

の一つである。

2◎ 正しい。本肢のとおりである。

3× 誤り。自治事務と法定受託事務はどちらも地方公共団体の事務である。

4× 誤り。都道府県と市町村の間に上下関係があるわけではない。

5× 誤り。一つの地方公共団体のみに適用される地方自治特別法については，住民投票の過半数の同意が要求されるとするのは，「憲法」上の制度である。これに対し，条例の制定改廃や解職請求などの住民の直接請求の制度は，地方自治の本旨に基づく「法律」上の制度である。

正答 **2**

制限行為能力者

理想解答時間 **3分**
合格者正答率 **60%**

民法総則の中の
最頻出テーマ

民法に定める**制限能力者**に関する記述として，妥当なのはどれか。

1　未成年者は，単に権利を得，又は義務を免れる行為を除き，法定代理人の同意がなければ法律行為を行うことができず，法定代理人の同意なく行った行為は，無効である。

2　成年被後見人が単独で行った法律行為は，日用品の購入その他日常生活に関する行為を含め，取り消すことができる。

3　被保佐人は，本人が精神上の障害により事理を弁識する能力を欠く常況にある者であり，被保佐人の行為能力は，未成年者よりも制限される。

4　被補助人が特定の法律行為を行うのに必要な補助人の同意権は，補助人が当然に有するものではなく，家庭裁判所が，特定の法律行為について補助人の同意を要する旨の審判をなすことによって与えられる。

5　被保佐人が行った行為の相手方は，保佐人に対し，当該行為を追認するか否かを確答すべき旨を催告することができ，一定期間内に保佐人が確答しないときは，当該行為は取り消されたものとみなされる。

この問題の特徴

制限行為能力者のテーマは，どの試験においても，いつ出題されてもおかしくないテーマです。意思表示や代理と並んで民法総則における頻出テーマです。

正答率は，条文のやや細かい知識が求められるため，正答率は初学者で30％，受験時で60％程度でしょう。

選択肢の難易度

選択肢**1・2**は基礎知識レベル。選択肢**3・4・5**の正誤の判断については，条文についてある程度正確な知識が求められます。

解説

1×　誤り。未成年者が法定代理人の同意なく行った行為は「取り消すことができる」。例外として①単に権利を得，又は義務を免れる行為や，法定代理人から許された②財産を処分する行為，③営業に関する行為は，単独で有効となり取り消しできない。

2×　誤り。成年被後見人の法律行為は，単独であれ成年後見人の同意を得たものであれ取り消し可能。ただし例外として日常生活に関する行為は取り消しできない。

3×　誤り。被保佐人の要件は事理弁済能力が「著しく不十分である者」である。「欠く常況にある者」は成年被後見人の要件。また，未成年者の法律行為は法定代理人の同意が原則必要なのに対し，被保佐人に保佐人の同意が必要なのは特定の重要な行為についてのみ。

4◎　正しい。本肢のとおりである。

5×　誤り。保佐人が1か月以上の期間を定めた追認の催告を受け期間内に確答しないときは，当該行為を追認したものとみなす。未成年者の法定代理人，成年後見人，補助人へ催告についても同様。

正答 **4**

留置権

理想解答時間 **4分**　合格者正答率 **60%**

Aが自己所有の本件建物をBに売却し移転登記を済ませたが，Bからは代金の支払いがないため，Bの建物引渡し請求に対してAは留置権を主張している。この事例に関する記述として，最も適切なものはどれか。

どちらが公平か判断する

1　Aが留置権を行使してBへの本件建物の引渡しを拒んでいる場合には，AのBに対する代金債権の消滅時効も中断する。

2　BがCに対して本件建物を転売した場合，AはこのCに対しては留置権を主張することができない。

3　Aが留置権を行使しながら本件建物に居住した場合には，Aは建物の使用代金をBに支払う必要がある。

4　本件建物につきBが火災保険に入っていた場合，建物が火災により焼失したときには，AはBの取得する火災保険請求権に対して物上代位権を行使して優先弁済を受けることができる。

5　BがAに代わりの担保を提供して留置権の消滅を請求した場合には，Aの留置権は消滅することになる。

この問題の特徴

地方上級試験では担保物権の分野からの出題は，他の試験でも頻出の抵当権だけでなく，留置権や質権からの出題も多いです。

正答率は，初学者で20%，受験時で60%程度であると推測できます。

選択肢の難易度

選択肢**1・2・4**は過去問でも出題されている基礎的な知識であり，基礎知識を押さえていれば容易に誤りと判断できるでしょう。正答の選択肢**3**も過去問で問われている知識ですが，この知識がなくても，選択肢**5**と比較してどちらがより「公平」かが判断できれば正答に達することも可能でしょう。

解説

1×　誤り。留置権の行使は被担保債権の消滅時効の進行を妨げない，Aが留置権を行使していても代金債権の消滅時効が中断

するわけではない。

2×　誤り。留置権は物権であるから，いったん成立した以上は第三者に対しても主張できる。

3◎　正しい。留置権者は留置物の保存に必要な使用はできるが，判例は，この場合には，使用によって受けた利益は不当利得として留置物の所有者に返還すべきであるとする。

4×　誤り。留置権には優先弁済的効力はなく，物上代位権も認められていない。

5×　誤り。債務者は相当の担保を提供して留置権の消滅を請求できるが，留置権が消滅するには，留置権者の承諾が必要であると解されている。

正答 **3**

No.16 専門試験 地方上級 民法

担保責任

理想解答時間 **4分**
合格者正答率 **50%**

民法に定める権利または物の瑕疵についての担保責任に関する次の記述のうち，妥当なものはどれか。

条文の細かい知識が問われる

1 買主は，他人の権利の全部が売買契約の目的であって売主が当該権利を取得して買主に移転できない場合，契約時に悪意であっても，契約を解除することはできるが損害賠償を請求することはできない。

2 買主は，売買契約の目的たる権利の一部が他人に属する場合，契約時に善意であれば権利の欠陥に対応する部分の代金減額を請求することができるが，悪意のときは請求することができない。

3 買主は，売買契約の目的たる権利の一部が他人に属する場合，契約時に悪意であっても，契約を解除することはできるが損害賠償を請求することはできない。

4 買主は，売買契約の目的物の数量が不足または一部が滅失している場合，契約時に悪意であっても，数量の不足または一部が滅失した物の給付では契約目的を達成できないときは契約を解除することができる。

5 買主は，売買の目的物に隠れたる瑕疵がある場合，契約時に善意無過失であればいつでも契約を解除することができるが，過失があっても善意であれば瑕疵ある物の給付では契約目的を達成できないときに限り解除することができる。

この問題の特徴

　売買契約のテーマは，全国型で数年おきに出題されます。このテーマの中でも，本問の売主の担保責任の出題割合は高いです。

　正答率は，条文の知識のみの出題ですが細かい部分まで押さえておく必要があるため，初学者で20%，受験時で50%程度であると推測できます。

解答のコツ

　売主の担保責任については，問題となる各場面ごとに，担保責任の種類と買主の善意・悪意によって追及できる担保責任の違いについて，条文の規定を整理して正確に覚える必要があります。覚える際のコツとしては，3種類の担保責任のうち，①契約の解除と，②損害賠償請求については悪意でも可能な場合と，③代金減額請求についてはそれが行使可能な場合を覚えれば，少

ない量の暗記で実戦的な知識となるでしょう。

解説

1◎ 正しい。本肢のとおりである。

2× 誤り。売買契約の権利の一部が他人に属する場合の代金減額請求は，悪意の買主もすることができる。

3× 誤り。売買契約の権利の一部が他人に属する場合，悪意の買主は，損害賠償請求だけでなく契約の解除もすることができない。

4× 誤り。売買契約の目的物の数量が不足または一部が滅失している場合の契約の解除は，悪意の買主はすることができない。

5× 誤り。売買の目的物に隠れた瑕疵がある場合，契約を解除することができるのは，瑕疵のために契約をした目的を達成できない場合に限られる。また，解除するためには，買主の善意のみならず，無過失も要求されている。

正答 1

法定相続分

理想解答時間	合格者正答率
▼▼▼▼ **4分**	**80**%

被相続人甲の遺産2000万円を民法に定める法定相続分どおりに相続した場合，下図に示したA～Dのそれぞれの相続額として，妥当なものは次のうちどれか。

> 基礎知識を事例に
> 当てはめればよい

(注) ×印は相続開始時において死亡していることを示す。

	A	B	C	D
1	1000万円	500万円	0円	500万円
2	1000万円	500万円	250万円	250万円
3	1500万円	250万円	0円	250万円
4	1500万円	250万円	125万円	125万円
5	2000万円	0円	0円	0円

この問題の特徴

　家族法の分野からは，特別区ではほぼ毎年出題がみられますが，その他の地方上級では出題されない年も多いです。出題された場合の頻出テーマの一つが本問のような相続人と法定相続分からの出題です。

　本問は相続に関する基礎知識があれば，それを丁寧に当てはめていくことで正答できるため，正答率は，初学者で40%，受験時で80%以上であると推測できます。

解答のコツ

　本問のような法定相続に関する事例問題では，まず，だれが相続人となるかを確定し，次に，各相続人の相続分を考えるという基本的な手順で正確に処理することが重要です。

解説

　相続人は相続開始時（甲の死亡時）に生存していなければならない。そして，甲には子がなく，直系尊属である父母も死亡しているから，甲の相続人は，配偶者の妻A，兄弟姉妹である妹Bと兄を代襲する甥Dの3人である。

　次に，相続人が配偶者と兄弟姉妹である場合には，相続分は配偶者が4分の3，兄弟姉妹が4分の1となり，また，兄弟姉妹が数人いる場合には，各自の相続分は相等しいものとなるから，相続分は，Aが4分の3，Bが8分の1，Dが8分の1となる。

　甲の遺産は2000万円であるから，各人の相続額は，Aが1500万円，Bが250万円，Dが250万円となる。

　よって，**3**が正答となる。

正答
3

共犯

理想解答時間 **3分**
合格者正答率 **60%**

判例の結論を
押さえるだけで
解ける

共犯に関する次の記述のうち，判例に照らし，妥当なものはどれか。

1 甲は乙に，丙を殺害したいので毒薬を入手してほしいと頼み，乙は毒薬を入手して甲に手渡したが，結局，甲は殺人の実行行為には出なかった。この場合には，乙に殺人予備罪の共同正犯が成立する。

2 甲は乙に，丙を暴行するよう教唆したところ，乙は丙に重い傷害を負わせてしまい，その結果，丙は死亡した。この場合には，甲は丙の死亡の結果について責任を負わないから，甲に傷害致死罪の教唆犯は成立しない。

3 数人で犯罪の遂行を共謀し，共謀者の一部が共謀に係る犯罪の実行に出た場合であっても，直接実行に携わらない共謀者については，犯罪の実行の共同がないから，共同正犯は成立しない。

4 共同正犯者の一人が，自己の意思により犯行を中止した場合には，他の者の犯行を阻止せず，犯罪が既遂に達したときであっても，中止犯が成立し，刑の減軽または免除の対象となる。

5 甲は，自己の日頃の言動に畏怖し意思を抑圧されている刑事未成年者の乙に対して窃盗を命じ，乙はこれに従って窃盗を行った。この場合には，乙に是非善悪の判断能力が認められる限り，甲は窃盗の教唆犯となり，間接正犯は成立しない。

PART
III
過去問の徹底研究

この問題の特徴

共犯は，範囲が広い刑法総論の中で，数年ごとに出題が繰り返されるテーマの1つです。

共犯の分野は，各論点における学説の対立を理解しようとすると，莫大な時間を要するでしょう。しかし，本問のような単なる判例の結論のみを押さえておけば足りる出題も多いです。

正答率は，判例の結論の知識のみの出題であるため，初学者で30%，受験時で60%程度であると推測できます。

選択肢の難易度

選択肢1・3・5は，過去問で頻出の基礎的な判例です。選択肢4も過去問でよく出題される判例です。選択肢2はやや細かいといえます。

解説

1◎　正しい。判例は，予備罪の共同正犯を肯定している。

2✕　誤り。判例は，結果的加重犯の教唆を肯定し，本肢のような甲に傷害致死罪の教唆犯が成立するとする。

3✕　誤り。判例は，共謀共同正犯を肯定する。

4✕　誤り。判例は，共同正犯において中止犯が成立するためには，他の者の犯行をも阻止しなければならないとする。

5✕　誤り。判例は，本肢のような甲に，教唆犯ではなく間接正犯が成立するとする。

正答
1

窃盗罪

理想解答時間 **4分**　合格者正答率 **60%**

窃盗罪に関する次の記述のうち，妥当なものはどれか。

イメージしやすいテーマ

1 家人が長期旅行中で留守の家から金品を持ち出す行為は，窃盗罪に当たらない。

2 共有者が共同して占有している共有物を，その1人が，ほしいままに，自己単独の占有に移す場合は，窃盗罪に当たる。

3 乗客が列車の網棚に忘れた財布を持ち去る行為は，窃盗罪に当たる。

4 他人のカメラを窃取した後で，見つかるのを恐れてカメラを壊した場合には，器物損壊罪に当たる。

5 ナイフを突きつけて金品を奪ったが，まったく傷つけるつもりがなかった場合には，窃盗罪に当たる。

この問題の特徴

　窃盗罪は，範囲が広い刑法各論の中では全国型での出題が比較的多いです。

　窃盗罪は，各種の犯罪の中でも基本的なものでありイメージしやすいので，初学者が最初に刑法各論の学習に取りかかるのにふさわしい分野です。もっとも，論点が多いため，習得するまでにある程度の時間を要するでしょう。

　本問の正答率は，主に基礎的な判例の知識を問う問題であり初学者で30%，受験時で60%程度であると推測できます。

選択肢の難易度

　4以外の選択肢は，判例があり，しかも基礎的なものですので，学習が進んでいれば容易であるといえるでしょう。選択肢4は，制度についての理解ができていれば，現場で考えることで判断できるでしょう。

解説

1✕　誤り。判例は窃盗罪に当たるとする。旅行中で不在の者も，自宅内の物について占有を有するからである。

2◎　正しい。判例は，窃盗罪に当たるとする。共有物も，他の共有者との関係においては，他人の財物に該当するといえるからである。

3✕　誤り。判例は，占有離脱物横領罪に当たるとする。鉄道列車内のように一般人の立ち入りが可能であって，管理者による排他的実力管理が十分に行われていない場所内に留置された財物は，直ちに車掌の占有に移るとはいえないからである。

4✕　誤り。器物損壊罪は成立せず，不可罰的事後行為となる。状態犯である窃盗罪の場合，後の違法状態が窃盗行為に対する違法の評価を枠を超えない限り，別罪を構成しないからである。

5✕　誤り。判例は，強盗罪に当たるとする。暴行・脅迫の客観的性質から，相手方の反抗を抑圧するに足りる程度だからである。

正答 **2**

専門試験 地方上級
労働法

解雇

理想解答時間 🦆🦆🦆🦆 **4分**
合格者正答率 **80%**

労働基準法の条文が中心

解雇に関する次の記述のうち，妥当なものはどれか。

1 使用者は，労働者を解雇しようとする場合，少なくとも30日前にその予告（解雇予告）をしなければならず，対象労働者が日々雇用の者であるときを除き，季節的業務従事者や試用期間中の者であるときでも，この解雇予告義務は免除されない。

2 使用者の解雇予告義務は，懲戒解雇の場合を除き，天災事変その他やむをえない事由のために事業の継続が不可能となったからといって免除されるものではない。

3 解雇予告を欠いた解雇通知は，即時解雇としては無効であるが，その後30日を経過するか，または予告手当の支払いがあれば，その時から効力を生ずるとするのが判例である。

4 労働者が業務上負傷または疾病にかかり，その療養のために休業する期間，女性の産前産後の休業期間およびその後30日間は解雇してはならず，打切補償を支払ってもこの義務は解除されない。

5 使用者は，産前産後・業務災害の場合の解雇制限期間内は，解雇の意思表示をすることはもちろんであるが，解雇予告をすることをも含めて禁じられているとするのが判例である。

この問題の特徴

解雇については，労働基準法の条文を中心に，判例が出題されますが，過去問で頻出の知識は限られています。

過去問で頻出の知識ではあっても，それを押さえていなければ正答を選べませんから，正答率は，初学者で40%，受験時で80%程度であると推測できます。

選択肢の難易度

選択肢**1・2・4**は条文の原則と例外を押さえてあれば判断できます。正答の選択肢**3**は過去問で頻出の判例です。選択肢**5**は最高裁判例がないため，覚えている知識で判断できないため悩むとすればこの選択肢でしょう。結局は，正答の選択肢**3**を自信をもって答えられるかがポイントになります。

解説

1✕ 誤り。日々雇用の者でも，1か月を超えて引き続き使用されるに至った場合には，解雇の予告義務は免除されない。また，季節的業務従事者でも4か月以内である場合や，試用期間中の者でもその期間が14日以内であれば，予告義務は免除される。

2✕ 誤り。天災事変その他やむをえない事由のために事業の継続が不可能となった場合に，行政官庁の認定を受ければ，予告義務は免除される。

3◎ 正しい。判例は，本肢のように判示している。

4✕ 誤り。業務災害による療養のために休業する期間であっても，打切補償を支払えば解雇制限は解除される。

5✕ 誤り。本肢のように判示する最高裁判所の判例はない。下級審の裁判例には，制限期間内に効力が生ずる解雇は認められないが，治癒後30日の経過をもって解雇する旨の予告解雇を有効とするものがある。

正答 **3**

No.21 労働協約

理想解答時間 **3**分 | 合格者正答率 **70**%

労働協約に関する次の記述のうち，妥当なものはどれか。

**2年続けて
同じテーマが
出ることもある**

1 労働協約を締結した組合が解散した場合，当該労働協約は組合を構成していた各労働者との間で存続し，その有効期間は個々の組合員に適用される。

2 使用者が労働組合との間で賃金に関する協定を締結した場合には，たとえその協定が口頭の合意によるものであり，書面に記載されていないとしても，労働協約としての効力が認められる。

3 労働協約に定める基準が組合員の労働条件を不利益に変更するものであっても，組合員の個別の同意または組合に対する授権がない限り，変更規定について規範的効力が認められないというわけではない。

4 協約締結組合が存在しない事業場においては，労働者の過半数を代表する者との書面による協定があれば，それに労働協約としての効力が認められる。

5 労働協約には規範的効力という特別の効力が認められることから，そのような効力が生じる協定を他と区別しておく必要から，労働協約として認められるためには，その名称は「労働協約」とされていなければならない。

この問題の特徴

団体交渉・労働協約のテーマについては，全国型においては，出題が連続しているのが特徴的です。よって，前年に出題されたからといって，手を抜くのは得策ではありません。

本問の正答率は，正答の選択肢を含めてやや細かい知識が問われているため，初学者で30%，受験時で70%程度であると推測できます。

解答のコツ

本問で問われている知識は，団体的労使関係法である労働組合法であることからすれば，労働協約を締結できるのは労働者側では労働組合だけであることが判断でき，選択肢1と4が誤りであることが判断できるでしょう。また，労働組合が労働協約を締結する際に，個々の組合員の全員の意思が一致しない場合もありうることを考えれば，選択肢3が正答であると判断することもできるでしょう。

解説

1 × 誤り。労働協約を締結した一方の当事者である労働組合が解散した場合には，労働協約は失効する。

2 × 誤り。判例は，書面の作成など法定の要件が備わらない限り，労働組合と使用者との間に労働条件に関する合意が成立したとしても，これに労働協約としての効力を付与することはできないとする。

3 ◎ 正しい。判例は本肢のように判示している。

4 × 誤り。労働協約の締結能力を有するのは労働組合に限られる。

5 × 誤り。名称のいかんを問わず，書面に作成し，両当事者が署名または記名押印したものについては，労働協約と認められる。

正答 **3**

No.22 消費者の最適行動理論

理想解答時間 **3分**

合格者正答率 **50%**

X財，Y財のみが存在する市場において，Aはこの両財を所有しているものとする。Aの両財に対する限界効用はそれぞれ $MU(X)=5$，$MU(Y)=10$ であった。また市場における X財の価格（P_x）は2，Y財の価格（P_y）は1である。このときのAのとる最適行動として，正しいものは次のうちどれか。

解法テクニックだけでは解けない

1 X財1単位に対してY財2単位の比率で，X財を販売しY財を購入する。

2 X財2単位に対してY財1単位の比率で，X財を販売しY財を購入する。

3 X財1単位に対してY財1単位の比率で，Y財を販売しX財を購入する。

4 X財1単位に対してY財2単位の比率で，Y財を販売しX財を購入する。

5 X財2単位に対してY財1単位の比率で，Y財を販売しX財を購入する。

この問題の特徴

消費者の最適行動に関する出題は，全国型で頻出されているテーマであり，特別区でも出題されています。

本問は，消費者の最適行動と聞くと，「無差別曲線と予算（制約）線の接点」や「限界代替率と相対価格が等しくなっている」といった結果だけを覚えていると苦戦を強いられる問題です。

学習開始時点で正答できる人は10%にも満たず，解法テクニックだけを追求した学習だけではなかなか正答できない問題といえるでしょう。

選択肢の難易度

この問題では選択肢**2・3・5**が誤りであることは簡単にわかります（少し学習すればわかるようになります）。**1**と**4**の違いについては，「自分がAならばどうするか」を考えれば正答が出てきます。

解説

X財の価格は2（円），Y財の価格は1（円）なので，X財を1単位販売すればY財を2単位購入できる（**2・3・5**は誤り）。

そこで，この交換を実施した時の満足の変化を考える。X財が1単位減ると満足は5低くなりますが，Y財が1単位増えると満足は10高くなる。X財を1単位売却すればY財を2単位得られるから，X財を販売し，Y財を購入することで満足は高まることになる（**3・4・5**は誤り）。

よって，正答は**1**である。

正答 1

自由貿易が貿易国の市場に与える影響

理想解答時間 **2分**　合格者正答率 **70%**

次の図は，自由貿易を開始する前における，ある財の自国と外国の需要曲線と供給曲線を描いている。この図に関する説明として，妥当なものはどれか。

100%正答
できるように
なりたい問題

1　自由貿易を開始すると，自国のこの財の生産量は増加する。

2　自由貿易を開始すると，外国のこの財の需要量は増加する。

3　自由貿易を開始すると，外国のこの財の生産量は減少する。

4　自由貿易を開始すると，自国はもっぱらこの財を輸出する。

5　自由貿易を開始すると，自国ではこの財の価格が下がる。

この問題の特徴

　ミクロ経済学をベースにした政策問題です。学習開始時点で正答できる人は30%程度でしょうが，本問は，初級・入門レベルのミクロ経済学のテキストでも紹介されるレベルなので，100%正答したい。

解答のコツ

　本問の選択肢には矛盾があります。選択肢1と5の関係がそれです。図では，右上がりの供給曲線が描かれています。したがって，自国で財の価格が下がれば自国の供給量は減少し，自国で財の価格が上がれば自国の供給量が増加することになり，1と5は択一関係にあることがわかります。さらに，本問では2国しかなく，他の条件は一定であること，そして選択肢を見渡すと，必ず貿易が行われることから，正答は

1か5のいずれかに絞れます。

解　説

　貿易開始前の自国の均衡点は外国の均衡点より上方にあるので，貿易開始前の自国の均衡価格は外国の均衡価格より高い。貿易を開始すると，財は価格の低い外国から高い自国へ移動し，両国の価格はいずれ等しくなる。

1×　誤り。価格が低下する自国の生産量は減少する。

2×　誤り。価格が上昇する外国の需要量は増加する。

3×　誤り。価格が上昇する外国の生産量は増加する。

4×　誤り。貿易開始前の均衡価格が高い自国は輸入国になる。

5◎　正しい。

正答
5

No.24 外部不経済

理想解答時間 **3分**　合格者正答率 **60%**

ある企業は公害のため，外部不経済を引き起こしている。この状況に関する次の説明のうち，妥当なものはどれか。

1 この企業は市場を通じずに，他の企業の生産費用を増大させたり，家計の効用を減少させたりしている。

2 この企業は不法行為をしている。

3 政府はこの企業に補助金を支給することで，公害を防止できる。

4 この企業の生産量は適正水準より過少となっている。

5 外部不経済を解消するためには減税が必要である。

経済系科目全般で広く出題されるテーマ

この問題の特徴

外部不経済は，経済原論（ミクロ経済学），経済政策および財政学などで頻出されているテーマの一つです。

学習開始時点で正答できる人は20%程度でしょうが，本問は，初級・入門レベルのミクロ経済学のテキストでも事例的に紹介されるものなので，地方上級志望ならば100%正答できるようになりたい問題です。

選択肢の難易度

この問題では選択肢**3・4・5**が誤りであることは簡単にわかります（少し学習すればわかるようになります）。

そこで**2**について考えてみましょう。本問では，「ある企業は公害のため，外部不経済を引き起こしている。」と始まっています。つまり，正答が**2**だとすれば，「不法行為がなければ公害は生じない」あるいは「公害問題が起こっているときには，必ず不法行為がある」という極端な内容になってしまいます。

解説

1◎ 正しい。

2× 誤り。不法行為がなくても，外部不経済は生じる。

3× 誤り。なんら制約がない補助金の給付は，企業に外部不経済を減らすインセンティブを与えない。

4× 誤り。私的限界費用が社会的限界費用を下回るため，生産量は適正水準より過大になっている。

5× 誤り。なんら制約がない減税は，企業に外部不経済を減らすインセンティブを与えない。

PART Ⅲ

過去問の徹底研究

正答 **1**

経済原論

収穫逓増の生産関数

理想解答時間 **1分**

合格者正答率 **70%**

次の生産関数の中で，労働・資本ともに限界生産力逓減で，規模に関しては収穫逓増のものはどれか。ただし，Yは生産量，Aは技術，Kは資本，Lは労働を表している。

1 $Y=AK^{0.5}L^{0.5}$

2 $Y=AK^{0.8}L^{0.3}$

3 $Y=AK^{0.7}L^{0.3}$

4 $Y=AK^{0.9}L^{0.2}$

5 $Y=AK^{1.1}L^{0.2}$

> **正攻法を使わずに解ける**

この問題の特徴

公務員試験では，正攻法で解けば時間不足になる，いわゆる「捨て問題」と呼ばれる問題があります。しかし，正攻法で解けば時間不足になる問題の中にも，必ず正答したい問題があります。本問は，その代表格ともいえる問題です。

正攻法で解けば微分を繰り返し使わなければ対応できないので，初学者にとっては難しく，学習開始時点で正答できる人は10％程度でしょう。

解答のコツ

一見すると煩雑な計算が必要な問題も，実は簡単に解ける問題が多くあります。本問の場合，正攻法で解くと微分を繰り返し使う必要があり，計算間違いを犯す可能性が高くなります。しかし，後述の解説のように，解法テクニックを使えば足し算だけで済み，所要時間は1分もかかりません。

理論や計算というと厄介に感じる人もいるようですが，この種の解法テクニックは数多くあるので習得しておくと貴重な得点源になります。

解説

コブ・ダグラス型生産関数が規模に関して収穫逓増であるためには，生産要素K，Lの指数部の和が1より大きくなくてはならない。この条件を満たすのは，**4**と**5**だけである。

さらに，全生産要素において限界生産力が逓減するためには，生産要素の指数部がすべて1より小さくなくてはならない。**4**と**5**のうち，この条件を満たすのは**4**である。

よって，**4**が正答である。

正答 **4**

GDPの概念

理想解答時間 **2分** 合格者正答率 **80%**

次のⅠ～Ⅴのうち, 日本の国内総生産に含まれるものはいくつあるか。

Ⅰ：アメリカ在住の日本人が, イタリア国籍の企業の株から配当金を受けた。

Ⅱ：アメリカ存在の日本人が, アメリカ国籍の企業の株から配当金を受けた。

Ⅲ：日本在住の日本人が, アメリカ国籍の企業の株から配当金を受けた。

Ⅳ：日本在住のイタリア人が, アメリカ国籍の企業の株から配当金を受けた。

Ⅴ：日本在住のアメリカ人が, 日本国籍の企業の株から配当金を受けた。

高校の学習内容と重複する

1 5

2 4

3 3

4 2

5 1

この問題の特徴

「GDPの概念」という出題テーマ自体は高校での学習内容と重複するもので, 地方上級試験としては平易なテーマです。しかしそのようなテーマも, 本問のように, 5つの記述のうち「妥当なもの」はいくつあるかというように出題形式が変わるだけで, 難易度が高くなるという格好の見本です。

「消去法」では対応できないので, 初学者にとっては難しく, 学習開始時点で正答できる人は15%程度でしょう。

解答のコツ

公務員試験では, 問題文に不要な情報を含めることによって, 受験者を迷わせる問題が出題されることがあります。

具体的には, 本問ではアメリカ, イタリアそして日本という3つの国名が出てきますが, 日本のGDPを考える場合, 日本か外国かだけがわかれば情報としては十分な

のです。そこで, アメリカとイタリアと書かれている部分については「外国」と置き換えてみましょう。すると, ⅠとⅡはまったく同じ文章になることがわかります。

このように, 問題文に含まれている情報をそのまま受け入れるのではなく, 整理して正答の確率を高めていくのも一つの方法です。

解説

Ⅰ× 含まれない。配当金受取人の居住地がアメリカなので, アメリカのGDPに計上される。

Ⅱ× 含まれない。配当金受取人の居住地がアメリカなので, アメリカのGDPに計上される。

Ⅲ○ 含まれる。

Ⅳ○ 含まれる。

Ⅴ○ 含まれる。

よって, 含まれるのはⅢ, Ⅳ, Ⅴの3つなので, **3**が正答である。

正答 **3**

マネーサプライ

ある国の実質貨幣需要量は次の式で表される。

$L_D = a + Y - 10r$

〔L_D：実質貨幣需要量，a：定数，Y：国民所得，r：利子率（％）〕

利子率が5％，実質貨幣供給量が500の下で国民所得500を達成しているとき，国民所得を500に保ったまま利子率が6％になると，実質貨幣供給量はいくらになるか。

代入計算していくだけで解ける

1　470

2　490

3　500

4　510

5　530

この問題の特徴

マネーサプライは，いずれの試験においても，経済原論あるいは経済政策から周期的に出題されるテーマの一つです。

本問は，単純に代入計算していくだけでも正答できる基本問題なので，学習開始の時点でも35％近くの人が正答できるでしょう。逆にいえば，受験時には100％正答できるようにしておきたい問題です。

解答のコツ

実質貨幣需要量や実質貨幣供給量といった用語を見て，条件反射的にマクロ経済学やIS-LMモデルを連想できることはとてもよいことです。

しかし，本問の場合，貨幣市場の均衡について問われているだけなので，実は平易なミクロ経済学の計算問題です。問題の本質を見抜く力をつけましょう。

さらに，本問はaの値を求めてから，最終的な答えを再度計算して導くこともできますが，「均衡では需要と供給が等しい」という条件を活用すれば，aの値を求める必要はありません。学習で得た知識を活用できるようにしておくことが，ケアレスミスを減らす一つの工夫です。

解説

均衡では実質貨幣供給量と実質貨幣需要量が等しいので，利子率上昇による実質貨幣供給量の変化分は実質貨幣需要量の変化分に等しい。

そこで，実質貨幣需要量を与える式の両辺の変数について変化分をとると，

$\Delta L_D = \Delta Y - 10 \Delta r$

である。この式は，国民所得が一定（$\Delta Y = 0$）の下で，利子率が1％上昇する（$\Delta r = 1$）と，実質貨幣需要量が，

$\Delta L_D = 0 - 10 \times 1 = -10$

変化することを意味している。したがって，利子率上昇後の実質貨幣供給量は，利子率上昇前の実質貨幣供給量500から10減った490である。

よって，**2**が正答である。

正答 2

No.28

専門試験 地方上級

経済原論

流動性のわな

理想解答時間 **3分**　合格者正答率 **80%**

ケインズの「流動性のわな」に関する次の記述のうち，正しいものはどれか。

1　「流動性のわな」が発生している場合，財政政策は有効である。

2　「流動性のわな」が発生している場合，利子率は高くなっている。

3　「流動性のわな」が発生している場合，金融政策は有効である。

4　「流動性のわな」が発生している場合，投資の利子弾力性はゼロである。

5　「流動性のわな」が発生している場合，貨幣需要の利子弾力性はゼロである。

> 繰り返し
> 出題されてきた
> 問題

この問題の特徴

　流動性のわなは，地方上級だけでなく，他の公務員試験でも頻繁に出題されるテーマの一つです。

　学習開始時点で正答できる人は20%程度でしょう。しかし，本問の各選択肢は繰り返し出題されてきたものばかりですから，受験時には，確実に正答できるようにしておきたい問題です。

解答のコツ

　5つの選択肢のうち正しいものを1つ答える「単純正誤形式」の問題では，選択肢1から順番に検討していく受験者がいますが，あまりよい解き方とはいえません。なぜならば，検討すべき内容が行ったり来たりして，検討しているうちに混乱しかねないからです。

　まず，選択肢全体を見て，何が正誤判断のポイントなのか整理しましょう。本問の場合，1と3は政策効果，4と5は経済主体の行動，そして2は経済状況について問われています。そして，セット単位で検討することによって，検討時に混乱する危険性を低めることができます。

　なお，どのセットから検討するかについ

ては，自分にとって簡単だと思えるものから取り組めばよいでしょう。

解説

1◎　正しい。

2×　誤り。利子率は現状以下に下がることはないと予想されるほど，低い水準になっている。

3×　誤り。金融政策は無効である。

4×　誤り。投資の利子弾力性は，*LM*曲線の形状に影響を与えない。

5×　誤り。貨幣需要の利子弾力性が無限大の状況である。

PART
III

過去問の徹底研究

正答
1

パレート最適

理想解答時間 **3**分　合格者正答率 **60**%

よく出るテーマ
なので正答したい

パレート最適に関する記述として、妥当なのはどれか。

1 パレート最適の状態においては、他の個人の効用を減少させないで、ある個人の効用を増大させることが可能である。

2 2人の消費者が2財を分配するエッジワースのボックス・ダイアグラムでは、パレート最適の状態である点の軌跡は、オファー曲線とよばれる。

3 パレート最適の状態においては、すべての個人の限界代替率と生産における限界代替率とが等しくなる。

4 パレート最適の状態においては、資源配分の効率化が達成されており、同時に所得分配の公平も達成されている。

5 ピグー税によって外部効果を内部化させた場合においても、パレート最適の状態は実現されない。

この問題の特徴

　パレート最適は、各出題タイプを個別で見れば周期的なテーマですが、全体で見ると、近年ほぼ毎年出題されているテーマの一つです。

　経済学部の学生でなければほとんど聞かない用語であり、入門・初級レベルのテキストでも後半のほうで触れられる内容なので、学習開始の時点で正答できる人は20%程度でしょう。しかし、近年の出題ペースを考慮すると、確実に正答できるようにしたいテーマです。

選択肢の難易度

　本問では、選択肢**1・2・4**は簡単に誤りだとわかります（少し学習すればわかるようになります）。しかし、**3**と**5**については多少難しく、確実には正答できない人も多いでしょう。前述したようによく出る問題なのでしっかり学習する必要があります。

解説

1×　誤り。パレート最適とは、ある個人の効用を増大させるためには、他の個人の効用を減少させなければならない状態である。

2×　誤り。オファー曲線ではなく、契約曲線である。

3◎　正しい。

4×　誤り。所得分配の公平が達成されている保証はない。

5×　誤り。パレート最適の状態が実現される。

正答
3

信用創造

理想解答時間 3分 | 合格者正答率 70%

A社が300万円をある市中銀行に預金したとき，市中銀行の預金準備率を10%とした場合におけるA社の預金をもととした市中銀行全体で信用創造される預金総額と，市中銀行の預金準備率を15%とした場合におけるA社の預金をもととした市中銀行全体で信用創造される預金総額との差額はどれか。ただし，市中銀行は過剰準備をもたず，常に預金準備率の限度まで貸し出しを行い，市中銀行が貸し出した資金はすべて預金として市中銀行に還流するものとする。

出題形式がパターン化されているテーマ

1　150万円

2　300万円

3　600万円

4　1,000万円

5　1,500万円

この問題の特徴

　信用創造は，特別区で周期的に出題されているテーマの一つです。

　経済学部の学生でも金融系の講義に出ていなければ，一度も聞くことなく卒業してしまう可能性もある内容です。よって，学習開始時点で正答できる人は15%程度とさほど高くないでしょう。しかし，出題形式はおおむねパターン化されており，平易な内容なので，特別区の志望者は得点源にしたいテーマです。

解答のコツ

　人がすることにミスはつきものです。ですから，試験時間を配分するときに，必ず確保しておきたいのが見直し時間です。しかし，せっかく見直し時間を確保しても，どこで何を検討・計算したのかわからないようでは，単なるタイムロスにすぎません。

　計算問題の場合，後から見ても，何をどのような順番で計算したのかがわかるよう

にメモしておくことが大切です。メモとはいえ，くれぐれも丁寧な字で書くようにしておくことが肝要です。

解説

　無限級数の和の公式を使えば，預金準備率が10%であるとき，A社の300万円の預金を含む預金総額は，

　$300 \times 1/0.1 = 3000$（万円）

となるので，信用創造された預金総額は，

　$3000 - 300 = 2700$（万円）

である。

　同様にして，預金準備率が15%であるとき，A社の300万円の預金を含む預金総額は，

　$300 \times 1/0.15 = 2000$（万円）

となるので，信用創造された預金総額は，

　$2000 - 300 = 1700$（万円）

である。

　したがって，信用創造された預金総額の差額は，

　$2700 - 1700 = 1000$万円

となるので，**4**が正答である。

正答 4

わが国の予算制度

理想解答時間 **3分**　合格者正答率 **70%**

わが国の予算制度に関する次の記述のうち，妥当なものはどれか。

1　予算は，会計年度ごとに作成されており，ある会計年度の歳出はその年度の歳入で賄わなければならないが，歳出予算の繰越しなどの例外も認められている。

2　わが国の予算は，一般会計予算，特別会計予算および政府関係機関予算からなり，政府関係機関予算についてのみ，必ずしも国会の議決を経ることを要しない。

3　本予算が成立して実行の段階に入った後で，経済・社会情勢が著しく変化したために予算の追加，変更が必要になったときに編成されるのが，暫定予算である。

4　一般会計予算，特別会計予算および政府関係機関予算は，それぞれ別個の役割を持っているため，3者間の財源繰入れは認められていない。

5　景気のテコ入れをねらった公共事業の追加のため増額補正の補正予算を組んだのは，戦後では，1975年度の1度だけである。

> 特別区では
> ほぼ毎年
> 出題される

この問題の特徴

　予算制度は，全国型ではあまり出題されていませんが，特別区ではほぼ毎年出題されているテーマです。

　学習開始時点で正答できる人は30%程度です。しかし，問われる内容は「よく出る」ものばかりなので，学習を積めば判断に迷わず正答できるようになるでしょう。

解答のコツ

　問題文を読んでいると，不自然に強調し，目立たせようとしているケースがあります。こうした場合，その強調の不自然さの度合いが高いほど，誤りである可能性が高いです。

　本問では，選択肢2にある「についてのみ，必ずしも」という表現がそうです。この部分を別の表現に直すと，「政府関係機関予算については，国会の議決を経ても，経なくてもよい」となり，国民の代表である国会の議決項目としてはずいぶん曖昧で，不自然です。

　また，選択肢5の「だけである」という表現も同様です。財政の三機能の一つが「経済の安定化」であるのに，景気のテコ入れ，すなわち経済の安定化をねらった補正予算が一度しか組まれていないというのも極めて不自然です。

解　説

1◎　正しい。

2×　誤り。政府関係機関予算も国会の議決を要する。

3×　誤り。暫定予算ではなく，補正予算に関する記述である。

4×　誤り。一般会計予算，特別会計予算および政府関係機関予算間での財源繰り入れは認められている。

5×　誤り。たびたび組まれてきた。

正答 **1**

従量税の経済効果

理想解答時間 **3分**　　合格者正答率 **70%**

> 余剰分析は
> どこかで必ず出る

ある財に対する市場の需要曲線と供給曲線とが，それぞれ，
　$D=150-p$　　〔D：需要，S：供給，p：財の市場価格〕
　$S=2p$
で示されるとする。
　この財に1単位当たり30の従量税が課されたときに生じる死荷重はいくらか。

1　100

2　200

3　300

4　400

5　500

この問題の特徴

　課税・補助金の余剰分析は，全国型で周期的に出題されており，余剰分析全体に範囲を広げると，いずれかの試験で，ほぼ毎年出題されています。

　学習開始時点で正答できる人は20%程度ですが，上記の出題傾向を踏まえると，受験時には100%正答できるようにしておきたいテーマです。

解答のコツ

　マクロ経済学・ミクロ経済学をベースにした理論問題では，文章または数式は図に，図は文章に変換できるようにしておくと，意外に簡単に正答を導出できることがあります。

　特に余剰分析の問題は頻出なので，この変換作業ができるようにしっかり学習しておくことが肝要です。

解説

　供給曲線を与える式を $P=\sim$ の形に変形

すると，
　$p=0.5S$
なので，従量税課税後の供給曲線は，
　$p=0.5S+30$
となる。よって，課税前の供給曲線は S，課税後の供給曲線は S_t，需要曲線は D のように描ける（下図）。

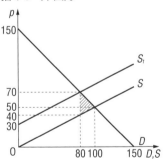

　この図において，死荷重は斜線部の面積なので，
　$(70-40)\times(100-80)\div2=300$
となり，**3**が正答である。

正答
3

租税の性質および制度

理想解答時間 **2分**　合格者正答率 **60%**

租税は細部まで
出題される

租税に関する次の記述のうち，正しいものはどれか。

1 税金は納税義務者と担税者の一致する直接税と納税義務者と担税者とが一致しない間接税に分けることができる。前者の典型としては「消費税」が，後者の典型としては「所得税」が挙げられる。

2 「法人税」は納税義務者と担税者が同じ「直接税」である。また法人所得はそこから法人税を引いてから個別に分配され個人所得となるが，個人に分配された時点でさらに所得税が課されるために「法人税」には二重課税の問題が発生することになる。わが国では現在この二重課税に対する措置は何も行われていない。

3 わが国では法人税は法人の利益に対しても，個人への企業からの株主配当に対しても課税される。

4 消費税は労働と余暇の選択に対して中立的であるとはいえないが，所得税は中立的に作用する。

5 現在の日本の消費税率は8％であるが，このうち6.3%は国税として，残りの1.7%が地方税として徴収されている。

この問題の特徴

租税の理論と日本の税制は，全国型で周期的に出題されているテーマです。

本問では，一部の選択肢，特に正答の選択肢が高校の政治・経済の内容と重複しているので，学習開始時点で正答できる人も30％程度でしょう。学習し始めるとわかることですが，租税の理論と日本の税制ともにかなり細かなことまで問われることもあるので，要注意です。

解答のコツ

租税をはじめ，制度問題や用語問題などでは，対となる概念が数多くあります。直接税と間接税，国税と地方税，目的税と普通税などが，その典型例です。公務員試験では，そうした対となる概念の説明や具体例を入れ替えることで，誤りの選択肢を作られることが多いです。

本問では，選択肢**1**と**4**がその例です。対となる概念が出題された場合には，かなり高い確率で誤りが含まれていると考え，入れ替えられていないか丁寧に検討すると

よいでしょう。

解説

1× 誤り。直接税の典型が所得税，間接税の典型が消費税である。

2× 誤り。二重課税に対しては，さまざまな措置がとられている。

3× 誤り。株主配当への課税は所得税でなされている。

4× 誤り。消費税と所得税の説明が逆である。

5◎ 正しい。

正答
5

UV曲線

理想解答時間 **3分**

合格者正答率 **60%**

一見難しそうだが
実はシンプル

次の図は失業率と欠員率の関係を示したもので、一般にUV曲線と呼ばれている。これに関する記述として妥当なものはどれか。

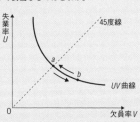

1 45度線よりも下方の領域は、労働力供給超過の状態を表している。

2 UV曲線の右上方のシフトは、構造的・摩擦的失業の増加を表している。

3 点aが45度線上を右上方に移動した場合、それは完全雇用失業の減少を表している。

4 点aから点bへの移動は、構造的・摩擦的失業の減少を表している。

5 点bから点aへの移動は、完全雇用失業の増大を表している。

PART
III
過去問の徹底研究

この問題の特徴

UV曲線は、グラフを用いるため一見難しそうですが、内容はシンプルです。

解説

1× 誤り。45度線よりも下方の領域は労働力需要超過の状態を表す。すなわち「U（失業率）<V（欠員率）」となり、職を選ばなければすべての失業者が雇用される状態である。

2◎ 正しい。UV曲線の右上方へのシフトは、UとVがともに増大していることを示す。そこでは労働力需要が増大するにもかかわらず失業者数が増大するという現象が起きており、構造的失業（失業者の持っている能力・技術などと就業機会が適合しないために生じる失業）、または摩擦的失業（失業者が新しい仕事に就くまでの過程

で発生する失業）の増加が読み取れる。

3× 誤り。点aを含む45度線上の諸点では「U＝V」、すなわち失業者が職を選ばなければ欠員と失業がともに解消する完全雇用状態が成立する。潜在的な完全雇用状態のうえに発生するのが完全雇用失業である。したがって、点aが45度線上を右上方へ移動した場合、それは完全雇用失業の増加を意味する。

4× 誤り。点aから点bへの移動は、Vの増加とUの減少を意味する。したがって、この移動は労働需要の増加による失業の減少を示す。

5× 誤り。点bから点aへの移動は、Vの減少とUの増加を意味する。したがって、この移動は労働需要の減少による失業の増加を示す。

正答
2

社会保障

理想解答時間
4分

合格者正答率
80%

わが国の社会保障制度をめぐる状況に関する記述として妥当なのはどれか。

公務員にとって必須の基礎知識

1 公的年金制度は，民間被用者や公務員を対象とする厚生年金，自営業者や民間被用者・公務員の配偶者を対象とする国民年金とに大別される。公的年金は世代間の扶養を目的としており，積立金をベースとした「積立方式」で運営されている。

2 確定拠出年金とは，拠出された掛金が企業などの雇用者ごとに明確に区分され，あらかじめ決められた一定の年金給付額を支給できるように掛金を運用して運用収益を確保していくものである。運用の指図を行うのは企業である。

3 雇用保険制度は不況による失業者の増加に伴って保険財政が悪化したため，介護休業については対象家族1人につき複数回取得できるが，要介護状態ごとに1回に限ることとされた。

4 公的医療保険は，民間被用者や公務員を対象とする健康保険，自営業者や60歳以上の高齢者を対象とする国民健康保険に大別される。この保険により，加入者は病気やけがをしたときに少ない自己負担で医療機関を利用できるが，医療保険の給付額には上限があり，一定以上の額は加入者の全額自己負担となる。

5 介護保険制度は，原則として65歳以上の高齢者が市町村に申請し要介護認定を受け，自らサービスを選択し事業者と契約する仕組みである。一定以上の所得者については自己負担割合が1割から2割へ引き上げられた。

この問題の特徴

社会保障は，社会政策の古典的な頻出分野です。なかでも社会保険は，生活保護や社会福祉，といった他の社会保障制度に比べて出題頻度が高くなっています。

解答のコツ

あらかじめ各制度のしくみを理解しておく必要があります。特に公的年金，医療保険，介護保険制度は最頻出事項です。制度改正も多く，時事的な話題が取り上げられることもありますので，ニュース等にも十分注意してください。

解説

1× 誤り。公的年金制度は，すべての日本国居住者が対象の国民年金と被用者のみが対象の厚生年金とに大別される。2015年10月に公務員も厚生年金に加入することとなった。財政方式は現役世代が納入する保険料で現在の高齢者を支える「賦課方式」となっている。

2× 誤り。確定拠出年金は，拠出された年金が個人ごとに区分され，年金給付額は掛金とその運用収益によって変化する。運用の指図は原則として加入者自身が行う。

3× 誤り。仕事と介護の両立支援を目的に，介護休業は対象家族1人につき通算93日間まで，要介護状態ごとに3回まで分割して取得可能となった。

4× 誤り。公的医療保険には，民間被用者の健康保険，自営業者などの国民健康保険，公務員などの共済組合，75歳以上を対象とする後期高齢者医療制度などがある。給付額にではなく，自己負担額に上限がある。

5◎ 正しい。一定以上の所得者については2015年8月から引き上げられた。

正答
5

国際関係論の基礎理論

理想解答時間 3分　合格者正答率 60%

「勢力均衡政策（balance-of-power policy）」に自国の安全を求めようとする政策が，古くから一国の対外政策の準則として適用され，同時にそれが国際的な力関係を律する原理として追求されてきた。

毎年どこかで必ず出題される

しかし，この勢力均衡論にはさまざまな困難な問題点が含まれている。次のうち，この問題点に関する記述として，誤っているものはどれか。

1 一国の安全と国際平和の維持を目的として勢力均衡政策を採用する場合，力の測定可能な尺度が存在しなければならないが，その尺度が不明確である。

2 勢力均衡論が政治的実践として適用される場合，実際はいずれの国家の目標も均衡ではなく，相手諸国より優越した力の獲得に置かれることになる。

3 勢力均衡政策の論理を追求していけば，平和維持のための体制として国際政治機構の設置に行き着くが，ここで集団安全保障という新たな難問に突き当たることになる。

4 勢力均衡は総じていえば大国のための政策であり，小国のための政策とはなりえず，成功した場合を除くと，弱小諸国の主体的地位をほとんど奪っていることが多い。

5 17世紀に西欧国家体系がヨーロッパに出現して以来，実質上それは非ヨーロッパ民族の犠牲の上に，西欧国家体系内部の均衡を図るものであった。

この問題の特徴

国際関係の中でも，国際関係論に関する基礎理論は頻出の分野といえます。毎年どこかで必ず出題されています。

選択肢の難易度

この問題では，**1・2・5**は正しい記述であることが比較的わかりやすいと思います。**3**と**4**は少し迷うかもしれません。

解説

1○　正しい。現実の国際社会において，各国家の持つ力を的確に測定するということは現実問題として不可能だ。それゆえに，各国とも他国の脅威に備えるため軍備の拡張に動くことになる。

2○　正しい。勢力均衡といっても，各国とも少しでも他国よりも強力な軍備を保有することによって自らの優位を確保しよう

と考えるものだ。そのため，勢力均衡政策は常に不安定で流動的となってしまう。

3✕　誤り。勢力均衡政策は自国の力を拡大させ，あるいは強力な同盟国を見いだすことで自らの足りないところをカバーする政策のこと。あくまで自らの国の生き残りが目的で，国際社会の制度化やシステム化を進めることで，世界全体の平和や安定を確保しようとするものではない。

4○　正しい。小国はともすれば大国相互の勢力均衡政策の犠牲となり，その領土が分割されたり，従属国化されることが多い（ポーランドの例）。

5○　正しい。産業革命以後，資源の提供地や製品販売の市場を求めて，ヨーロッパの列強はアジア，アフリカに進出，これを植民地化していった。

よって，誤っているのは**3**である。

正答 **3**

国際関係史

理想解答時間 **3分**　合格者正答率 **70%**

高校の知識で対応できる

第一次世界大戦から第二次世界大戦までの国際関係に関する次の記述のうち，妥当なものはどれか。

1 第一次世界大戦は，1914年から1918年にかけて，イギリス，フランス，アメリカからなる三国協商側と，ドイツ，イタリア，ロシアからなる三国同盟側との対立を軸として，世界的規模で行われた。

2 国際連盟は，かつてない破壊を招いた第一次世界大戦の反省に基づき，1920年にアメリカ，フランス，イギリスを中心メンバーとして発足したが，ソ連，ドイツは終始加盟しなかった。

3 不戦条約（ケロッグ・ブリアン条約）は1928年に締結され，締約国間で国家の政策の手段としての戦争を放棄し，一切の国際紛争を平和的手段によって解決することを規定した。

4 第二次世界大戦は，1939年にナチス・ドイツが突如フランスに武力進撃を開始し，これに対抗してイギリス，アメリカがドイツに宣戦布告することで始まった。ドイツの東側に位置するポーランドは終戦まで中立を維持した。

5 大西洋憲章は，1941年にトルーマン米大統領とチャーチル英首相が会談し，第二次世界大戦後の戦後構想を発表したもので，ソ連の動きに脅威を感じ，反撃に転ずる決意を表明しており，トルーマン・ドクトリンともいわれる。

この問題の特徴

国際関係史は，二度の世界大戦の前後や冷戦時代がよく出題されます。紛争や軍縮問題，国際機構の役割等と関連づけて問われることが多いです。

本問は高校の世界史や政治・経済の教科書レベルの内容です。

解答のコツ

国際関係史はよく出題されます。しかし，外交史や国際関係史の専門書を用いなくとも，高校時代の世界史や日本史，政治・経済の教科書を繰り返し学習することで，十分に対応することができます。特に，学校ではあまり時間をかけなかった近現代史をしっかり復習，暗記することがポイントです。この問題ですと，たとえば三国同盟や三国協商，国際連盟の加盟国，大西洋憲章の発表者などの設問も高校の教科書に記述されている事項ですから，もう一度それらの知識の整理と復習をすれば正答

を見いだすことができます。大学受験の参考書を利用するのもよいでしょう。

解説

1× 誤り。三国協商はイギリス，フランス，ロシア，三国同盟はドイツ，イタリア，オーストリアで構成された。

2× 誤り。アメリカは国際連盟創設の際にはウィルソン大統領がイニシアティブを発揮したが，その後，議会の反対で国際連盟には参加しなかった。ドイツとソ連は当初不参加であったが，後に加わっている。

3◎ 正しい。ただし不戦条約も，自衛戦争は肯定していた。

4× 誤り。第二次世界大戦はドイツがポーランドに電撃侵攻したことで始まった。

5× 誤り。大西洋憲章を発表したのは，チャーチル英首相とルーズベルト米大統領であった。

よって，正答は**3**である。

正答 **3**

モチベーション論

理想解答時間 **3**分

合格者正答率 **70**%

モチベーション論に関する記述として，妥当なのはどれか。

各論者の学説の特徴が明確

1　マグレガーは，欲求階層説を提唱し，人間はまず生理的欲求や安全の欲求を満たすために行動するが，それが満たされるとより高次な欲求である自己実現への欲求を満たそうとして行動するとした。

2　ハーズバーグは，職務要因には動機づけ要因と衛生要因の２種類があり，衛生要因を改善することは職務不満を予防するに過ぎず，職務に対する積極的取組や満足感を生むためには動機づけ要因が不可欠であるとした。

3　アージリスは，Y理論において，人間は条件次第では責任を引き受けるばかりか，自ら進んで責任をとろうとするという特性をもっているとした。

4　アルダーファーは，人間を動機づける力は基本的に期待と達成することによって得られるかもしれない報酬の価値との積によって示されるとした。

5　ブルームは，人間の欲求を低次から順に生存・関係・成長の３欲求に区分し，その３欲求の頭文字をとり，ERG理論とした。

この問題の特徴

　モチベーション（従業員の動機づけ）は，他試験も含めて公務員試験の経営学では頻出テーマです。各論者の学説は特徴が明確なので，出題しやすい対象といえます。出題パターンは，①論者名と学説の組合せを問うタイプ，②学説内容の正誤を問うタイプ，が主体です。従来の問題に少し手を加えて再構成した内容が多いので，大半は過去問演習によってカバーできます。

解答のコツ

　まず，**1・3・4・5**は論者名と学説の組合せが間違っているので，すぐに誤りとわかります。**4**のアルダーファーは取り上げられる機会が少ない論者ですが，**5**のブルームの学説と入れ替えてあるので消去法で対処できます。

　経営学説全般に当てはまることですが，正誤を判断するカギとなるのは，あくまで基本知識の理解度です。

解説

1✕　マズローが示した欲求階層説の内容。マズローによれば，人間の欲求は低次から高次に向けて生理的欲求，安全欲求，帰属欲求，尊敬欲求，自己実現欲求の５つの階層からなり，欲求の充足度に応じて段階的に移行する。

2◎　従来，職場における満足と不満は同じ要因の充足や欠如から生じると考えられてきた。しかし，ハーズバーグは，職務満足と職務不満はそれぞれ異なる２つの要因に規定されるという動機づけ－衛生理論を唱えた。

3✕　マグレガーが提唱したY理論の内容である。アージリスは，成長する個人のパーソナリティと合理性を追求する組織の間には，根本的に相いれない面があると主張した。

4✕　ブルームらが唱えた期待理論の説明である。期待理論の目的は，個人の動機づけのメカニズムの解明にあった。

5✕　アルダーファーが示したERG理論の説明である。

正答 **2**

経営戦略

理想解答時間 **3**分　合格者正答率 **70%**

経営戦略に関する記述として，妥当なのはどれか。

**正誤を判断する
キーワードに
気づくか**

1 ポーターは，競争上の優位を獲得するための基本戦略の一つとして，特定の狭いセグメントに焦点を当て，その中でコスト面や差別化の面で優位に立とうとする集中戦略を挙げた。

2 アンゾフは，製品分野と市場分野との組合せから企業が選択すべき事業領域とその戦略を示したが，そのうち市場開発戦略は，新製品を新規市場に投入して市場を開拓する戦略である。

3 チャンドラーは，アメリカの大企業の実証的研究から，「組織構造は戦略に従う」と述べ，大企業の多角化度が一様ではないことを示し，それらを関連多角化企業と非関連多角化企業とに分類した。

4 プロダクト・ポートフォリオ・マネジメント（PPM）では，事業単位が市場成長率と相対的マーケット・シェアを両軸とした相関マトリックスに位置づけられ，そのうち成長率とシェアが共に高いものは「金のなる木」と呼ばれる。

5 シナジー効果とは，ある一つの製品の累積生産量が2倍になるごとに，それを生産する単位コストが一定の割合で減少するという効果のことであり，コスト削減の持つ戦略上の意義を示している。

この問題の特徴

　経営戦略では，各論者が示した学説の正誤を問うパターンが主流です。チャンドラー，アンゾフ，PPM，ポーターの学説はいずれも頻出のトピックなので，この問題は最も標準的な内容といえます。

　最初に個々の学説を詳しく理解する必要があるので，いきなり解いても正答率は10%前後でしょう。しかし，ある程度学習が進めば，正誤を判断するキーワードに気づくようになります。まず代表的な学説の要点を把握しましょう。

解説

1◎　正しい。なお，ポーターは競争戦略の基本類型を①コスト・リーダーシップ戦略，②差別化戦略，③集中戦略の3種に分類した。

2✕　アンゾフは製品の新旧と市場の新旧によって，企業の成長ベクトルを市場浸透，市場開発，製品開発，多角化に分類した。新製品を新規市場に投入する戦略は多角化である。

3✕　チャンドラーは，アメリカ大企業の成長過程を分析し，多角化に伴って事業部制組織に移行する経緯をあとづけ，「組織構造は戦略に従う」という命題を示した。しかし，企業の多角化を関連型と非関連型に分類してはいない。

4✕　PPMのマトリックスは，その特徴に応じて問題児，金のなる木，花形，負け犬と名付けられる。高成長率・高シェアに位置するのは花形である。

5✕　経験効果（経験曲線）の説明である。アンゾフが唱えたシナジー効果とは，新旧事業間で経営資源を共有することから生じる相乗効果である。

正答 **1**

従来の日本的経営の特徴

理想解答時間 **3分**　合格者正答率 **80%**

次のA～Eのうち，従来の日本的経営の特徴に関する記述として，妥当なものの組合せはどれか。

100%正答したいテーマ

A　企業間の競争においては，投資収益率や株価より売上高の確保や市場占有率を重視する。

B　事業の多角化においては，本業とは関連のない異業種の企業をM&Aによって買収する。

C　経営の意思決定においては，個人主義を基礎として，権限と責任の関係が明確に決められ，トップ・ダウンの傾向が強くみられる。

D　従業員の採用に当たっては，専門性を重視し，特定の職務遂行能力や特定の技能を基準とする。

E　労働組合の組織形態については，産業別や職種別組合ではなく，企業別組合が中心である。

1 A，C　　**2** A，E　　**3** B，D　　**4** B，E　　**5** C，D

この問題の特徴

いわゆる「日本的経営」に関する問題は，高度経済成長期から1980年代までの日本企業の経営上の特徴が取り上げられます。なお，90年代以降に日本企業を取り巻く状況は大きく変化したので，従来の「日本的経営」と近年の動向の違いもチェックしておきましょう。

解答のコツ

この種の問題は，欧米企業と日本企業の特徴を入れ替えて問うパターンが大半です。そのため，最初に日本と欧米（特にアメリカ）との経営上の違いを押さえましょう。その知識があれば，B・C・Dの後半の記述はどれも誤りだとわかります。

解説

A○　正しい。アメリカ企業は短期的な株主利益を重視するが，日本企業は売上高の増大や長期的な市場占有率の確保を優先する傾向が強かった。ただし，近年は資本効率を改善し，収益性の向上を重視する日本企業も増えつつある。

B×　日本企業では本業を中心とした関連型多角化が主流であり，M&A（企業の合併・買収）による非関連型の多角化は欧米企業に比べると少ない。

C×　日本企業では，中間管理層が提案した議案書を関係諸部門に回覧して合意を得た後に，最終的にトップ・マネジメントが決定を行うボトムアップ型の稟議制度が普及している。

D×　一般にアメリカ企業では特別な技能や職務遂行能力を持つスペシャリストを雇用するが，日本企業ではゼネラリストを採用・育成する傾向が強い。

E○　正しい。欧米では産業別組合や職種別組合が主流だが，日本では企業別労働組合が中心である。欧米企業に比べると日本の労働組合は労使協調が基本であり，ストライキも少ない。

よって，正しいのはAとEなので，正答は**2**である。

正答 2

今の実力と
やるべきことがわかる！

PART Ⅳ

これで受かる？
実力判定＆学習法
アドバイス

　過去問を解き終わったら採点をして，今の実力をしっかりと
認識しましょう。学習を始めたばかりでは良い点は取れませんが，
あまり気にする必要はありません。それよりも，自分の得意分
野・不得意分野を自覚して対策を立てるほうが大事です。
　ここでは，過去問の結果から今の実力を判定し，
どの分野が弱点なのかを明らかにします。
　そして，得意・不得意の内容に応じた学習法を伝授します。

教養試験を採点してみよう！

PARTⅢの過去問で正答できた問題について，
表中の欄にチェックをし，正答数を数えてみましょう。
どの科目も１問につき１点になります。

問題番号	科目	正答	1回目	2回目	3回目	分野
No.1	政治	4				
No.2	政治	1				
No.3	政治	4				❶
No.4	政治	5				社会科学
No.5	政治	1				1回目 /10
No.6	経済	1				2回目 /10
No.7	経済	3				3回目 /10
No.8	経済	5				
No.9	社会	3				
No.10	社会	3				**207** ページ
No.11	日本史	2				
No.12	日本史	4				❷
No.13	世界史	5				人文科学
No.14	世界史	2				1回目 / 8
No.15	地理	4				2回目 / 8
No.16	地理	3				3回目 / 8
No.17	思想	2				
No.18	文学・芸術	4				**208** ページ
No.19	数学	4				❸
No.20	物理	4				自然科学
No.21	化学	2				1回目 / 7
No.22	化学	1				2回目 / 7
No.23	生物	1				3回目 / 7
No.24	生物	1				
No.25	地学	3				**209** ページ

❶
＋
❷
＋
❸

一般知識分野
1回目 /25
2回目 /25
3回目 /25

結 果 判 定 の 生 か し 方

過去問は，採点して結果を確認し，その後の勉強に生かすことが大事です。また，2回，3回と繰り返すことも重要です。繰り返すことで実力がついていることが確認できますし，1回目に正答しても2回目に間違えたのであれば，その問題については復習が必要なことがわかります。

問題番号	科目	正答	1回目	2回目	3回目	分野
No.26	文章理解	1				
No.27	文章理解	2				
No.28	文章理解	5				
No.29	文章理解	4				
No.30	文章理解	1				
No.31	文章理解	4				
No.32	文章理解	3				
No.33	文章理解	2				
No.34	文章理解	3				
No.35	判断推理	3				
No.36	判断推理	3				
No.37	判断推理	2				
No.38	判断推理	1				
No.39	判断推理	5				
No.40	判断推理	4				
No.41	判断推理	5				
No.42	判断推理	3				
No.43	判断推理	5				
No.44	判断推理	2				
No.45	数的推理	3				
No.46	数的推理	5				
No.47	数的推理	2				
No.48	数的推理	3				
No.49	数的推理	4				
No.50	資料解釈	2				

分野（No.26〜No.34）：❹ 文章理解＋資料解釈
1回目 /10
2回目 /10
3回目 /10
※No.50も加算する
206ページ

分野（No.35〜No.49）：❺ 判断推理＋数的推理
1回目 /15
2回目 /15
3回目 /15
205ページ

※No.50 ※❹に加算する

❹＋❺ 一般知識分野
1回目 /25
2回目 /25
3回目 /25

❶〜❺ 総合得点
1回目 /50
2回目 /50
3回目 /50
204ページ

PART IV 実力判定&学習法アドバイス

専門試験を採点してみよう！

PARTⅢの過去問で正答できた問題について，
表中の欄にチェックをし，正答数を数えてみましょう。
どの科目も1問につき1点になります。

問題番号	科目	正答	1回目	2回目	3回目	分野
No.1	政治学	1				
No.2	政治学	2				
No.3	行政学	5				※❶に加算する
No.4	行政学	1				
No.5	憲法	4				
No.6	憲法	2				
No.7	憲法	4				
No.8	憲法	3				
No.9	行政法	2				
No.10	行政法	1				
No.11	行政法	3				
No.12	行政法	4				
No.13	行政法	2				
No.14	民法	4				
No.15	民法	3				
No.16	民法	1				
No.17	民法	3				
No.18	刑法	1				
No.19	刑法	2				
No.20	労働法	3				
No.21	労働法	3				

❶
政治学
＋
行政学

1回目	/ 4

2回目	/ 4

3回目	/ 4

❷
法律系科目

1回目	/17

2回目	/17

3回目	/17

❶
＋
❹
行政系科目

1回目	/ 8

2回目	/ 8

3回目	/ 8

め げ な い こ と が 大 切

専門試験は，法律や経済などのさまざまな専門分野から出題されるので，始めたばかりでは低い得点になってしまいます。しかし，学習を積み重ねていけば，得点がグ ングン伸びるのも専門試験の特徴です。1回目の得点が低くても，めげないことが大切です。

問題番号	科目	正答	1回目	2回目	3回目	分野
No.22	経済原論	1				
No.23	経済原論	5				
No.24	経済原論	1				
No.25	経済原論	4				
No.26	経済原論	3				
No.27	経済原論	2				
No.28	経済原論	1				
No.29	経済原論	3				
No.30	経済原論	4				
No.31	財政学	1				
No.32	財政学	3				
No.33	財政学	5				
No.34	社会政策	2				
No.35	社会政策	5				※❹に加算する
No.36	国際関係	3				
No.37	国際関係	3				
No.38	経営学	2				
No.39	経営学	1				※❺に加算する
No.40	経営学	2				

❸
法律系科目
1回目 ／12
2回目 ／12
3回目 ／12

❹
社会政策
＋
国際関係
1回目 ／4
2回目 ／4
3回目 ／4

❺
経営学
1回目 ／3
2回目 ／3
3回目 ／3

❶〜❺
総合得点
1回目 ／50
2回目 ／50
3回目 ／50
210ページ

教養試験の総合得点 診断結果発表

201ページの「総合得点」の結果から，あなたの今の実力と，今後とるべき対策が見えてきます。では，さっそく見てみましょう！

40点以上

合格圏内です！ 教養以外の対策も進めましょう

教養試験でこれだけ得点できれば，自信を持ってよいでしょう。「新スーパー過去問ゼミ」などの問題集に取り組んで，力を維持しましょう。過去問の学習ではカバーできない時事問題対策も忘れずに。

専門試験や論文試験，面接で失敗しないように，それらの対策も考えていきましょう。

オススメ本
『公務員試験　速攻の時事』（毎年2月に刊行）

30点以上

合格ラインです！ 確実な得点力を身につけましょう

合格ラインには達しています。しかし，いつでも，どんな問題でも同じ得点を取れますか？　その点では安心できません。

安定的に高得点が取れるように，さらに問題演習を重ねていきましょう。苦手分野があるのならば，それを克服するために「新スーパー過去問ゼミ」などの問題集で重点的に学習をするとよいでしょう。

オススメ本
『地方上級　教養試験　過去問500』（毎年1月に刊行）

30点未満

まだまだこれから！ 学習次第で実力をつけることは十分可能

このままでは合格は難しいでしょう。

しかし，学習を始めたばかりの人は，ほとんどがこのカテゴリに属しているはずです。公務員試験には知識もコツも必要なので，合格者でも最初から高得点が取れたわけではありません。

落ち込む必要はありません。次ページ以降で各分野・科目の得意・不得意を確認して，あなたに向いた学習方針を探りましょう。

判断推理・数的推理の学習法

教養試験の最重要科目である判断推理と数的推理について，201ページの「**❺**判断推理＋数的推理」の結果から，今後の対策を考えましょう。

13点以上　実力十分です！他の科目で足元をすくわれないように

判断推理・数的推理の得点力はかなりあります。あとは他の科目で得点を稼げば教養試験の合格ラインに近づきます。

ただし，理想をいえば満点が欲しいところです。「精選模試」は過去問から定番の問題をピックアップしているので，難解な問題や意地悪な問題は含まれていないからです。時間をおいて再挑戦してみましょう。

7点以上　基礎力はあります！問題演習で得点力アップをめざそう

基礎的な問題を解く力はありますが，この点数では物足りません。

原因としては，①少しひねった問題だと対応できない，②時間がかかりすぎる，などが考えられます。どちらにしても，問題を解く筋道をパターン化して，「この問題ならこの解法！」と即座に反応できるようになることです。そのためには問題集で数多くの問題に取り組むことが有効です。

> **オススメ本**
> 『新スーパー過去問ゼミ　判断推理』
> 『新スーパー過去問ゼミ　数的推理』

7点未満　基本から勉強！コツをつかめば得点はすぐ伸びます

判断推理や数的推理は公務員試験に特有のものなので，学習を始めたばかりの人は戸惑います。まずは初学者にやさしいテキストで基本から学習しましょう。きっかけさえつかめれば得点はグングン伸びていきます。

> **オススメ本**
> 『判断推理がみるみるわかる！　解法の玉手箱』
> 『数的推理がみるみるわかる！　解法の玉手箱』
> 『標準　判断推理［改訂版］』
> 『標準　数的推理［改訂版］』

② 得点別に判定！ 文章理解・資料解釈の学習法

　文章理解と資料解釈について，201ページの「❹文章理解＋資料解釈」の結果から，今後の対策を考えましょう。

8点以上　言うことなし！ あとは解答時間の短縮だけ

　文章理解・資料解釈の得点力はかなりあります。ただし，解答時間はどのくらいかかりましたか？　他の科目の問題に割くべき時間を文章理解・資料解釈に使っていませんか？

　教養試験は時間との戦いです。文章理解・資料解釈についても，より短い時間で解答することを心掛けましょう。

4点以上　もう少し得点したい！ 地道に実力アップをめざそう

　教養試験は時間が足りないので，文章理解や資料解釈のような時間がかかりそうな問題はパスしたくなります。

　これに対する対策は，「この問題なら解けそうだ」と思える問題を増やすことです。文章理解や資料解釈の得点力は急激に伸ばすことは難しいので，問題演習を重ね

てコツコツと実力をつけるしかありません。

オススメ本
『新スーパー過去問ゼミ　文章理解・資料解釈』

4点未満　この得点では苦しい！ でも，コツをつかめば伸びしろは大きい

　文章理解や資料解釈は，得点源にしやすい科目ではありません。しかし，知識を問われるわけではなく，じっくり考えれば正答することのできる科目なので半分は正答したいところです。問題集が難しいようなら，基礎的な解法を学べるテキストを見て

みるのもよいでしょう。

オススメ本
『集中講義！　文章理解の過去問』
『集中講義！　資料解釈の過去問』
『公務員試験　速攻の英語』（毎年2月刊行）

③ 社会科学の学習法

社会科学について，200ページの「❶社会科学」の結果から，今後の対策を考えましょう。

8点以上 実力十分です！ ただし時事問題の動向に注意

　社会科学は時事的な内容が多く出題されるので，年度によって，出題内容が変化します。そのため，社会情勢に左右されない政治学や憲法，経済学の基礎的な理論・知識については確実に正答したいところです。

　時事的な内容については，毎年の新しい話題に注意を払う必要があります。とはい

え「どこに注目すべきか」のコツをつかむのは容易ではないため，公務員試験用の時事対策本を活用するのが早道です。

オススメ本
『公務員試験　速攻の時事』（毎年2月に刊行）
『公務員試験　速攻の時事　実戦トレーニング編』（毎年2月に刊行）

4点以上 得意なのは特定科目だけ？ 全般的な得点力アップをめざそう

　社会科学は「政治」「経済」「社会」などの科目で構成されますが，そのうちのどれかが苦手という人は多くいます。その場合，社会科学全体で見ると半分そこそこの得点にとどまってしまいます。

　専門科目と重複する分野も含めて数多く

の問題を解くことで，社会科学全体の得点力を引き上げることが可能です。

オススメ本
『新スーパー過去問ゼミ　社会科学』

4点未満 専門的な用語になじめない？ 用語の意味を覚えながら学ぼう

　公務員をめざす人にとって，現代の社会について問われる社会科学は，本来得意にしやすい分野です。しかし，学習を始めたばかりだと，専門的な用語に戸惑う場合もあります。用語の意味を覚えながら学習す

るのも，一つの選択肢です。

オススメ本
『光速マスター　社会科学』

PART **IV** 実力判定＆学習法アドバイス

4 人文科学の学習法

得点別に判定！

人文科学について，200ページの「❷人文科学」の結果から，今後の対策を考えましょう。

6点以上 実力があります！だからこそ深入りは禁物

人文科学はとても広い範囲から出題されます。たとえば世界史だけで考えても，古代から現代までとても広い範囲から出題の可能性があります。ですから，人文科学の学習は「キリがない」ともいえるのです。

ときどき，マニアックに細かく勉強している人がいますが，それでは非効率的です。「過去問模試」で高得点を取れるような人が，さらに人文科学を極めても，これ以上得点は伸びません。満点をめざしてもあまり意味はないので，他の苦手科目・分野に目を向けましょう。

3点以上 向上の余地あり！得点力アップをめざそう

人文科学に深入りは禁物ですが，半分程度の正答率という人は，もう少し得点力を伸ばせるでしょう。毎年どこかの試験で出題される最頻出テーマはもちろん，より長い間隔で出題されるテーマについても，問題演習の中で知識を確認しておきたいところです。

オススメ本
『新スーパー過去問ゼミ　人文科学』

3点未満 明らかに苦手な人　過去問演習が難しければテキストで

高校時代に日本史，世界史，地理を選択しなかった人にとって，人文科学は難しいものです。いきなり過去問を解くことに抵抗があるならば，公務員試験の範囲に限定したテキストから始めるのも一つの方法です。

また，選択解答制の試験ならば，なじみやすい科目に絞って勉強するという手もあります。

オススメ本
『20日間で学ぶ日本史・世界史[文学・芸術]の基礎[改訂版]』

⑤ 自然科学の学習法

　自然科学について，200ページの「❸自然科学」の結果から，今後の対策を考えましょう。

6点以上 実力があります！他の科目・分野にも目を向けよう

　公務員試験の受験生は，文系出身者が多いということもあって，自然科学に苦手意識を持つ人が多くなっています。そのため，自然科学が得意であれば他の受験生に差をつけることができます。

　すでに「過去問模試」で高得点を取れるのであれば，他の受験生に対してリードを奪っているということなので，ここはむしろ他の苦手科目・分野に目を向けるほうが得策でしょう。

3点以上 得点力は伸びる！解法のパターンを習得しよう

　自然科学は，高校で数学や理科をあまり学ばなかった初学者には難しく感じられます。しかし，自然科学には特定の頻出テーマがあり，特定の知識（公式など）さえ知っていれば，パターン化された解法で解ける問題も多いのです。そのため，問題演習を繰り返していくことで得点力を上げることが可能です。

オススメ本
『新スーパー過去問ゼミ　自然科学』

3点未満 どうしても苦手な人 学びやすいテーマだけでも押さえよう

　問題文を見ただけで「とても解けそうもない」と，自然科学を「捨て科目」にしてしまう人がいます。しかし，それは非常にもったいないことです。また，教養試験全体の得点を考えると，たとえ選択解答制だとしても，自然科学が0点では苦しくなります。

　そこで，易しいテーマだけでも学習して「せめて3点は取る」ことを考えましょう。よく見れば自然科学にも学びやすいテーマがあるのです。

オススメ本
『公務員試験　速攻の自然科学』（毎年2月刊行）

専門試験の総合得点 診断結果発表

203ページの「総合得点」の結果から,あなたの今の実力と,今後取るべき対策が見えてきます。では,さっそく見てみましょう!

30点以上

合格圏内です! 教養以外の対策も進めましょう

　これだけ得点できれば,自信を持ってよいでしょう。「新スーパー過去問ゼミ」などの問題集に取り組んで,力を維持しましょう。過去問の学習ではカバーできない法改正や経済事情などの対策も忘れずに。

　教養試験や論文試験,面接で失敗しないように,それらの対策も考えていきましょう。

オススメ本
『論文試験　頻出テーマのまとめ方』(毎年3月に刊行)

24点以上

合格ラインです! 確実な得点力を身につけましょう

　合格ラインに達しています。しかし,いつでも,どんな問題でも同じ得点を取れますか?　その点では安心できません。

　安定的に高得点が取れるように,さらに問題演習を重ねていきましょう。苦手科目があるのならば,それを克服するために「新スーパー過去問ゼミ」などの問題集で重点的に学習をするとよいでしょう。

オススメ本
『地方上級　専門試験　過去問500』(毎年1月に刊行)

24点未満

まだまだこれから! 学習次第で実力をつけることは十分可能

　このままでは合格は難しいでしょう。

　しかし,学習を始めたばかりの人は皆,このカテゴリに属しています。だれもが法律または経済,あるいはその両方にゼロから取り組むのです。

　落ち込む必要はありません。次ページで各科目の得意・不得意を確認して,あなたに向いた学習方針を探りましょう。

得点別に判定！
専門試験の学習法

専門試験について，202〜203ページの結果から，今後の対策を考えましょう。行政系科目,法律系科目,経済系科目といったまとまりでも，各科目ごとでもよいので,何%正答できたかをチェックしてください。

70%以上 実力十分です！学習を続けるかは科目の性質によります

70%の正答率は，その科目の学習がうまくいっていることを表します。さらに学習を進めていくのか，ほかの科目に向かうのかは科目次第です。

頻出のテーマから多く出題される科目で，しかも出題数が比較的多いのであれば，80%や90%の正答率をめざしてもよいでしょう。たとえば憲法や経済原論がそれに当たります。しかし，学習を続けても得点が伸びなくなったと感じるなら，ほかの科目に切り替えることも必要です。

40%以上 実力アップ中！さらに問題演習を重ねよう

専門試験は，わからない人にはまったくわからない問題が出ます。ですから，40%の正答率でも学習の効果の現れです。しかし，もちろんこれでは不十分。多くの問題を解くことで，得点力を上げていきましょう。1つのテーマについて過去問を集めている問題集を解くのが効率的です。

オススメ本
「新スーパー過去問ゼミ」シリーズ（科目別に16冊）

40%未満 得点力が伸びないなら専門的な用語の意味を覚えながら学ぼう

基本的には，初学者でもとにかく過去問を解いていくのがオーソドックスな学習法です。しかし，専門的な用語に戸惑って思うように進まない場合もあります。テキストを用いて，用語の意味を覚えながら学習するのも一つの方法です。

オススメ本
「20日間で学ぶ」シリーズ（科目別）

PART **IV**

実力判定&学習法アドバイス

カバーデザイン　サイクルデザイン
本文デザイン　　サイクルデザイン
イラスト　　　　アキワシンヤ

●**本書の内容に関するお問合せについて**

　本書の内容に誤りと思われるところがありましたら，まずは小社ブックスサイト（jitsumu.hondana.jp）中の本書ページ内にある正誤表・訂正表をご確認ください。正誤表・訂正表がない場合や訂正表に該当箇所が掲載されていない場合は，書名，発行年月日，お客様の名前・連絡先，該当箇所のページ番号と具体的な誤りの内容・理由等をご記入のうえ，郵便，FAX，メールにてお問合せください。

　〒163-8671　東京都新宿区新宿1-1-12　実務教育出版　第二編集部問合せ窓口
　FAX：03-5369-2237　　　　E-mail：jitsumu_2hen@jitsumu.co.jp
【ご注意】
※電話でのお問合せは，一切受け付けておりません。
※内容の正誤以外のお問合せ（詳しい解説・受験指導のご要望等）には対応できません。

2025年度版
地方上級試験
早わかりブック

2023年 9 月10日　初版第 1 刷発行　　　　　　　　　　　　　　〈検印省略〉

編　者　資格試験研究会
発行者　小山隆之

発行所　株式会社　実務教育出版
　　　　〒163-8671　東京都新宿区新宿1-1-12
　　　　☎編集　03-3355-1812　　販売　03-3355-1951
　　　　振替　00160-0-78270
組　版　明昌堂
印　刷　図書印刷
製　本　東京美術紙工

[公務員受験BOOKS]

実務教育出版では、公務員試験の基礎固めから実戦演習にまで役に立つさまざまな入門書や問題集をご用意しています。
過去問を徹底分析して出題ポイントをピックアップするとともに、すばやく正確に解くためのテクニックを伝授します。あなたの学習計画に適した書籍を、ぜひご活用ください。
なお、各書籍の詳細については、弊社のブックスサイトをご覧ください。

https://www.jitsumu.co.jp

人気試験の入門書

何から始めたらよいのかわからない人でも、どんな試験が行われるのか、どんな問題が出るのか、どんな学習が有効なのかが1冊でわかる入門ガイドです。「過去問模試」は実際に出題された過去問でつくられているので、時間を計って解けば公務員試験をリアルに体験できます。

★「公務員試験早わかりブック」シリーズ [年度版]* ●資格試験研究会編

地方上級試験 早わかりブック

市役所試験 早わかりブック

警察官試験 早わかりブック

消防官試験 早わかりブック

社会人が受けられる**公務員試験** 早わかりブック

高校卒で受けられる**公務員試験** 早わかりブック
[国家一般職(高卒)・地方初級・市役所初級等]

社会人基礎試験 早わかり問題集

市役所新教養試験 Light & Logical 早わかり問題集

公務員試験で出る**SPI・SCOA** 早わかり問題集
※本書のみ非年度版 ●定価1430円

過去問正文化問題集

問題にダイレクトに書き込みを加え、誤りの部分を赤字で直して正しい文にする「正文化」という勉強法をサポートする問題集です。完全な見開き展開で書き込みスペースも豊富なので、学習の能率アップが図れます。さらに赤字が消えるセルシートを使えば、問題演習もバッチリ!

★上・中級公務員試験「過去問ダイレクトナビ」シリーズ

過去問ダイレクトナビ **政治・経済**
資格試験研究会編●定価1430円

過去問ダイレクトナビ **日本史**
資格試験研究会編●定価1430円

過去問ダイレクトナビ **世界史**
資格試験研究会編●定価1430円

過去問ダイレクトナビ **地理**
資格試験研究会編●定価1430円

過去問ダイレクトナビ **物理・化学**
資格試験研究会編●定価1430円

過去問ダイレクトナビ **生物・地学**
資格試験研究会編●定価1430円

一般知能分野を学ぶ

一般知能分野の問題は一見複雑に見えますが、実際にはいくつかの出題パターンがあり、それに対する解法パターンが存在しています。基礎から学べるテキスト、解説が詳しい初学者向けの問題集、実戦的なテクニック集などで、さまざまな問題に取り組んでみましょう。

標準 判断推理 [改訂版]
田辺 勉著●定価2310円

標準 数的推理 [改訂版]
田辺 勉著●定価2200円

判断推理がみるみるわかる**解法の玉手箱** [改訂第2版]
資格試験研究会編●定価1540円

数的推理がみるみるわかる**解法の玉手箱** [改訂第2版]
資格試験研究会編●定価1540円

判断推理 必殺の解法パターン [改訂第2版]
鈴木清士著●定価1320円

数的推理 光速の解法テクニック [改訂版]
鈴木清士著●定価1175円

文章理解 すぐ解ける〈直感ルール〉ブック
[改訂版]
瀧口雅仁著●定価1980円

公務員試験 **無敵の文章理解メソッド**
鈴木鋭智著●定価1540円

年度版の書籍については、当社ホームページで価格をご確認ください。https://www.jitsumu.co.jp/

公務員試験に出る専門科目について、初学者でもわかりやすく解説した基本書の各シリーズ。
「はじめて学ぶシリーズ」は、豊富な図解で、難解な専門科目もすっきりマスターできます。

はじめて学ぶ **政治学**
加藤秀治郎著●定価1175円

はじめて学ぶ **国際関係**[改訂版]
高瀬淳一著●定価1320円

はじめて学ぶ **ミクロ経済学**[第2版]
幸村千佳良著●定価1430円

はじめて学ぶ **マクロ経済学**[第2版]
幸村千佳良著●定価1540円

重要科目の基本書

どちらも公務員試験の最重要科目である経済学と行政法を、基礎から応用まで詳しく学べる本格的な
基本書です。大学での教科書採用も多くなっています。

経済学ベーシックゼミナール
西村和雄・八木尚志共著●定価3080円

経済学ゼミナール 上級編
西村和雄・友田康信共著●定価3520円

新プロゼミ行政法
石川敏行著●定価2970円

苦手意識を持っている受験生が多い科目をピックアップして、初学者が挫折しがちなところを徹底的
にフォロー！ やさしい解説で実力を養成する入門書です。

最初でつまずかない経済学[ミクロ編]
村尾英俊著●定価1980円

最初でつまずかない経済学[マクロ編]
村尾英俊著●定価1980円

最初でつまずかない民法Ⅰ[総則／物権担保物権]
鶴田秀樹著●定価1870円

最初でつまずかない民法Ⅱ[債権総論・各論家族法]
鶴田秀樹著●定価1870円

最初でつまずかない行政法
吉田としひろ著●定価1870円

最初でつまずかない数的推理
佐々木淳著●定価1870円

基本問題中心の過去問演習書

実力派講師が効率的に学習を進めるコツや素早く正答を見抜くポイントを伝授。地方上級・市役所・
国家一般職[大卒]試験によく出る基本問題を厳選し、サラッとこなせて何度も復習できる構成なの
で重要科目の短期攻略も可能！ 初学者＆直前期対応の実戦的な過去問トレーニングシリーズです。
※本シリーズは『スピード解説』シリーズを改訂して、書名を変更したものです。

★公務員試験「集中講義」シリーズ（2022年3月から順次刊行予定）資格試験研究会編●定価1650円

集中講義！**判断推理**の過去問
資格試験研究会編 結城順平執筆

集中講義！**数的推理**の過去問
資格試験研究会編 永野龍彦執筆

集中講義！**図形・空間把握**の過去問
資格試験研究会編 永野龍彦執筆

集中講義！**資料解釈**の過去問
資格試験研究会編 結城順平執筆

集中講義！**文章理解**の過去問
資格試験研究会編 饗庭悟執筆

集中講義！**憲法**の過去問
資格試験研究会編 鶴田秀樹執筆

集中講義！**行政法**の過去問
資格試験研究会編 吉田としひろ執筆

集中講義！**民法Ⅰ**の過去問[総則／物権担保物権]
資格試験研究会編 鶴田秀樹執筆

集中講義！**民法Ⅱ**の過去問[債権総論・各論家族法]
資格試験研究会編 鶴田秀樹執筆

集中講義！**政治学・行政学**の過去問
資格試験研究会編 近裕一執筆

集中講義！**国際関係**の過去問
資格試験研究会編 高瀬淳一執筆

集中講義！**ミクロ経済学**の過去問
資格試験研究会編 村尾英俊執筆

集中講義！**マクロ経済学**の過去問
資格試験研究会編 村尾英俊執筆

選択肢ごとに問題を分解し、テーマ別にまとめた過去問演習書です。見開き2ページ完結で読みや
すく、選択肢問題の「引っかけ方」が一目でわかります。「暗記用赤シート」付き。

一問一答 **スピード攻略 社会科学**
資格試験研究会編●定価1430円

一問一答 **スピード攻略 人文科学**
資格試験研究会編●定価1430円

過去問演習を通して実戦力を養成

★公務員試験「新スーパー過去問ゼミ7」シリーズ
◎教養分野
資格試験研究会編●定価1980円

新スーパー過去問ゼミ7 **社会科学** [政治／経済／社会]	新スーパー過去問ゼミ7 **人文科学** [日本史／世界史／地理／思想／文学・芸術]
新スーパー過去問ゼミ7 **自然科学** [物理／化学／生物／地学／数学]	新スーパー過去問ゼミ7 **判断推理**
新スーパー過去問ゼミ7 **数的推理**	新スーパー過去問ゼミ7 **文章理解・資料解釈**

◎専門分野
資格試験研究会編●定価1980円

新スーパー過去問ゼミ7 **憲法**	新スーパー過去問ゼミ7 **行政法**
新スーパー過去問ゼミ7 **民法Ⅰ** [総則／物権 担保物権]	新スーパー過去問ゼミ7 **民法Ⅱ** [債権総論・各論 家族法]
新スーパー過去問ゼミ7 **刑法**	新スーパー過去問ゼミ7 **労働法**
新スーパー過去問ゼミ7 **政治学**	新スーパー過去問ゼミ7 **行政学**
新スーパー過去問ゼミ7 **社会学**	新スーパー過去問ゼミ7 **国際関係**
新スーパー過去問ゼミ7 **ミクロ経済学**	新スーパー過去問ゼミ7 **マクロ経済学**
新スーパー過去問ゼミ7 **財政学**	新スーパー過去問ゼミ7 **経営学**
新スーパー過去問ゼミ7 **会計学** [択一式／記述式]	新スーパー過去問ゼミ7 **教育学・心理学**

受験生の定番「新スーパー過去問ゼミ」シリーズの警察官・消防官（消防士）試験版です。大学卒業程度の警察官・消防官試験と問題のレベルが近い市役所（上級）・地方中級試験対策としても役に立ちます。

★大卒程度「警察官・消防官 新スーパー過去問ゼミ」シリーズ
資格試験研究会編●定価1650円

警察官・消防官新スーパー過去問ゼミ **社会科学** [改訂第3版] [政治／経済／社会・時事]	警察官・消防官新スーパー過去問ゼミ **人文科学** [改訂第3版] [日本史／世界史／地理／思想／文学・芸術／国語]
警察官・消防官新スーパー過去問ゼミ **自然科学** [改訂第3版] [数学／物理／化学／生物／地学]	警察官・消防官新スーパー過去問ゼミ **判断推理** [改訂第3版]
警察官・消防官新スーパー過去問ゼミ **数的推理** [改訂第3版]	警察官・消防官新スーパー過去問ゼミ **文章理解・資料解釈** [改訂第3版]

要点整理＋理解度チェック

一般知識分野の要点整理集のシリーズです。覚えるべき項目は、付録の「暗記用赤シート」で隠すことができるので、効率よく学習できます。「新スーパー過去問ゼミ」シリーズに準拠したテーマ構成になっているので、「スー過去」との相性もバッチリです。

★上・中級公務員試験「新・光速マスター」シリーズ
資格試験研究会編●定価1320円

新・光速マスター **社会科学** [改訂第2版] [政治／経済／社会]	新・光速マスター **人文科学** [改訂第2版] [日本史／世界史／地理／思想／文学・芸術]
新・光速マスター **自然科学** [改訂第2版] [物理／化学／生物／地学／数学]	

［受験ジャーナル］

受験ジャーナルは、日本で唯一の公務員試験情報誌です。各試験の分析や最新の採用情報、合格体験記、実力を試す基礎力チェック問題など、合格に不可欠な情報をお届けします。年間の発行計画は下表のとおりです（令和5年6月現在）。

定期号	発売予定日	特 集 等
6年度試験対応 **vol.1**	令和5年10月1日 発売予定	特集1：第一志望に受かる！ タイプ別学習プラン 特集2：判断推理の合格戦術 徹底分析：国家総合職，東京都，特別区
6年度試験対応 **vol.2**	令和5年11月1日 発売予定	巻頭企画：1年目職員座談会 特集1：数的推理の合格戦略 特集2：教養区分を受けよう 地方上級データバンク①：東日本　徹底分析：国家一般職
6年度試験対応 **vol.3**	令和6年1月1日 発売予定	特集1：これから間に合う合格プラン 特集2：早めの面接対策 地方上級データバンク②：西日本 徹底分析：国家専門職，裁判所
6年度試験対応 **vol.4**	令和6年2月1日 発売予定	特集：地方上級　最新出題研究 短期連載：また出る過去問 暗記カード：教養
6年度試験対応 **vol.5**	令和6年3月1日 発売予定	特集1：時事予想問題 特集2：論文の頻出テーマランキング 特集3：録画面接の対策 短期連載：また出る過去問　　　　　暗記カード：専門
6年度試験対応 **vol.6**	令和6年4月1日 発売予定	巻頭企画：直前期のスペシャル強化策 特集1：市役所上級　最新出題研究 特集2：市役所事務系早見表 短期連載：また出る過去問

特別企画	発売予定	内 容 等
特別企画① **学習スタートブック** 6年度試験対応	令和5年6月上旬 発売	●合格体験記から学ぼう　　●公務員試験Q&A ●学習プラン&体験記 ●教養試験・専門試験 合格勉強法&オススメ本 ●論文&面接試験の基礎知識　●国家公務員・地方公務員試験ガイダンス
特別企画② **公務員の仕事入門ブック** 6年度試験対応	令和5年7月中旬 発売予定	●見たい！知りたい！公務員の仕事場訪問 ●国家公務員の仕事ガイド ●地方公務員の仕事ガイド ●スペシャリストの仕事ガイド
特別企画③ **6年度 直前対策ブック**	令和6年2月中旬 発売予定	●直前期の攻略ポイント　●丸ごと覚える 最重要定番データ ●最新白書 早わかり解説&要点チェック ●新法・改正法 法律時事ニュース ●教養試験・専門試験の「出る文」チェック 等
特別企画④ **6年度 面接完全攻略ブック**	令和6年3月中旬 発売予定	●個別面接シミュレーション　●面接対策直前講義　●面接カードのまとめ方 ●合格者の面接再現&体験記　●個別面接データバンク ●集団討論・グループワーク　●官庁訪問 ●［書き込み式］定番質問回答シート
特別企画⑤ **6年度 直前予想問題**	令和6年3月下旬 発売予定	●地方上級 教養試験 予想問題 ●市役所　教養試験 予想問題 ●地方上級 専門試験 予想問題 ●市役所　専門試験 予想問題

別冊	発売予定	内 容 等
6年度 **国立大学法人等職員 採用試験攻略ブック**	令和5年12月上旬 発売予定	●「これが私の仕事です」 ●こんな試験が行われる！ ●過去問を解いてみよう！ ●6年度予想問題

[公務員受験BOOKS]

実務教育出版では、高校卒業程度の公務員試験、社会人試験向けのラインナップも充実させています。あなたの学習計画に適した書籍を、ぜひご活用ください。

人気試験の入門書

何から始めたらよいのかわからない人でも、どんな試験が行われるのか、どんな問題が出るのか、どんな学習が有効なのかが1冊でわかる入門ガイドです。

★「**公務員試験早わかりブック**」シリーズ [年度版] ●資格試験研究会編

高校卒で受けられる**公務員試験**早わかりブック
[国家一般職（高卒）・地方初級・市役所初級等]

社会人が受けられる**公務員試験**早わかりブック

市役所新教養試験 Light & Logical 早わかり問題集

社会人基礎試験 早わかり問題集

過去問演習で実力アップ

近年の出題傾向を徹底的に分析し、よく出る問題を厳選した過去問演習シリーズ。国家一般職[高卒・社会人]・地方初級を中心に高卒程度警察官・消防官などの初級公務員試験に対応しています。

★[高卒程度・社会人]**初級スーパー過去問ゼミ**シリーズ 資格試験研究会編●定価1650円

初級スーパー過去問ゼミ **社会科学** [政治／経済／社会]

初級スーパー過去問ゼミ **人文科学** [日本史／世界史／地理／倫理／文学・芸術／国語]

初級スーパー過去問ゼミ **自然科学** [物理／化学／生物／地学／数学]

初級スーパー過去問ゼミ **判断推理**

初級スーパー過去問ゼミ **数的推理**

初級スーパー過去問ゼミ **適性試験**

初級スーパー過去問ゼミ **文章理解・資料解釈**

要点整理集

近年の出題傾向を徹底的に分析し、よく出るポイントを厳選してコンパクトにまとめた要点整理シリーズ。「初級スーパー過去問ゼミ」と併用して、すき間時間に知識の定着を図りましょう。

★[高卒程度・社会人]**らくらく総まとめ**シリーズ 資格試験研究会編●定価1430円

らくらく総まとめ **社会科学** [政治／経済／社会]

らくらく総まとめ **人文科学** [日本史／世界史／地理／倫理／文学・芸術／国語]

らくらく総まとめ **自然科学** [物理／化学／生物／地学／数学]

らくらく総まとめ **判断・数的推理**

らくらく総まとめ **面接・作文**

試験別過去問集

近年の出題傾向を示す過去問を選りすぐり、試験別に約350問を収録。全問に詳しい解説を掲載していますので、繰り返しチャレンジすることで理解度が深まります。

★公務員試験 **合格の350シリーズ** [年度版] ●資格試験研究会編

国家一般職[高卒・社会人]**教養試験 過去問350**

地方初級 教養試験 過去問350

高卒警察官 教養試験 過去問350

大卒・高卒 消防官 教養試験 過去問350

基本書／短期攻略本

初級公務員試験 **よくわかる判断推理** 田辺 勉著●定価1320円

初級公務員試験 **よくわかる数的推理** 田辺 勉著●定価1320円

初級公務員 **一般知識らくらくマスター** 資格試験研究会編●定価1320円

高卒程度公務員 **完全攻略問題集** [年度版] 麻生キャリアサポート監修 資格試験研究会編

★国家一般職[高卒]・地方初級 **速習ワーク**シリーズ 資格試験研究会編●定価968円

教養試験 知識問題30日間速習ワーク

教養試験 知能問題30日間速習ワーク

適性試験20日間速習ワーク

別冊受験ジャーナル**高卒程度公務員 直前必勝ゼミ** [年度版]
時事問題の総まとめ、頻出項目の直前チェック、予想問題、作文・面接対策など、試験会場まで必携の最終アイテム！

年度版の書籍については、当社ホームページで価格をご確認ください。https://www.jitsumu.co.jp/